러브토크

연인과 부부를 위한 변치 않는 사랑의 방법

LOVE TALK
by Doris Märtin
Copyright ⓒ 2007 Campus Verlag GmbH.

All rights reserved. No part of this book may be used or reproduced in any manner whatever without written permission except in the case of brief quotations embodied in critical articles or reviews.

Korean Translation Copyright ⓒ 2010 by Thoughts of a Tree Publishing Co.
Korean edition is published by arrangement with Campus Verlag GmbH.
through BC Agency, Seoul

이 책의 한국어판 저작권은 BC에이전시를 통한
저작권자와의 독점 계약으로 나무생각에 있습니다. 저작권법에 의해
한국 내에서 보호를 받는 저작물이므로 무단전재와 복제를 금합니다.

러브 토크

연인과 부부를 위한
변치 않는 사랑의 방법

도리스 메르틴 지음 | 박계수 옮김

나무생각

차례

chapter 1
사랑의 토대, 매너

1 사랑과 예의, 그 새로운 발견 ……………………… 11
2 사랑 강화제, 매너 ………………………………… 17

chapter 2
관계의 시작

러브 토크 1 가볍고 느슨하게 유혹하라 ……………… 25
러브 토크 2 사랑에 활기를 불어넣어라 ……………… 37
러브 토크 3 상대방의 삶에 끼어들어라 ……………… 47
러브 토크 4 사랑의 행복을 관리하라 ………………… 55

chapter 3
관계 다지기

러브 토크 5　서로에게 적응하라 …………………… 65
러브 토크 6　상대방을 인정하라 …………………… 72
러브 토크 7　서로의 마음에 들도록 노력하라 ……… 80
러브 토크 8　서로를 지지하라 ……………………… 89
러브 토크 9　공동 세계를 구축하라 ………………… 96

chapter 4
갈등 이겨내기

러브 토크 10　긴장을 풀어라 ………………………… 105
러브 토크 11　싸움의 규칙을 만들어라 ……………… 115
러브 토크 12　정절을 지켜라 ………………………… 127

chapter 5
호감 주는 가족 되기

러브 토크 13 막다른 골목으로 몰아세우지 마라 ····· 135
러브 토크 14 아이에게 좋은 매너를 가르쳐라 ········ 141
러브 토크 15 예절로 양육하라 ·························· 150
러브 토크 16 상대방의 삶을 존중하라 ················ 156

chapter 6
배우자 가족과 잘 지내기

러브 토크 17 협조하라 ································· 171
러브 토크 18 예의 바르게 대하라 ····················· 177
러브 토크 19 방해물을 피해 가라 ····················· 186

chapter 7
부부로서 인정받기

러브 토크 20 　좋은 인상을 남겨라 ·················· 195
러브 토크 21 　우정을 관리하라 ···················· 200
러브 토크 22 　배우자의 체면을 세워주어라 ··········· 208
러브 토크 23 　손님을 환대하라 ···················· 211
러브 토크 24 　사소한 것에서도 최고임을 보여주어라 · 218

chapter 8
멋진 커플임을 보여주기

러브 토크 25 　축하하라 ·························· 229
러브 토크 26 　행복의 순간을 수집하라 ·············· 236
러브 토크 27 　매력적인 모습을 유지하라 ············ 242
러브 토크 28 　조용히 뒤돌아보라 ·················· 248

에필로그 　끝없는 행복 ····························· 253
참고도서 ··· 255

chapter 1

사랑의 토대, 매너

행복에 대한 기대는 그 어느 때보다 높은데 일상은 힘겹다. 사랑만이 이 모든 것을 해결해 줄 수 있다. 콩깍지가 벗겨지고 냉정한 시선으로 서로를 바라보게 되었을 때도 낭만이 유지되려면 에어백이 필요하다. 바로 매너가 필요한 것이다. 매너는 모든 것이 잘되고 있을 때는 사랑을 유지하는 데 도움을 주고, 사랑이 흔들릴 때는 충돌을 막아주는 행동방식이다.

독일 사람 네 명 중 세 명은 파트너 관계에 있어 좋은 섹스보다 좋은 매너가 더 중요하다고 생각한다. 2004년 패션 잡지 《엘르》의 의뢰로 이루어진, 설문조사기관 입소스의 연구조사 결과에 따르면 그렇다. 이렇게 예의 바른 언행과 에티켓을 원하는 배경에는 다음과 같은 인식이 자리 잡고 있다. 맞벌이와 대출금, 쌓여 있는 세탁물과 컴퓨터 게임 사이에서 그의 부모, 그녀의 형제, 양쪽 친구들에게 좋은 인상을 주려면 완벽한 몸매만으로는 부족하다. 배려와 예의 건전한 가치관이 사랑을 유지시켜줄 수 있다. 좋을 때는 물론이요, 어려울 때는 더더욱.

1

사랑과 예의, 그 새로운 발견

남녀 관계에 있어 좋은 매너가 모든 시대에 걸쳐 가장 중요한 요소였던 것은 아니다. 독일 사람들은 오래전부터 예의와 예절에 대해 모순적인 태도를 취해 왔다. 매너는 좋은 교육을 받았다는 증명으로 간주되었고, 어느 시대든 사회적 직업적 성공은 세련된 행동과 관계가 있었다. 하지만 동시에 예의 바른 행동거지는 인위적이고 가식적이라는 의심을 받기도 했다.

괴테는 그런 주제에 관심을 보였다. "이 친구야, 자네가 얼마나 무례한지 모르고 있나?" 메피스토펠레스는 《파우스트》에서 버릇없는 학생에게 이렇게 훈계한다. 이에 학생은 아무렇지도 않은 듯 대답한다. "독일에서 공손하다는 것은 거짓말을 한다는 것입니다." 몇 백 년 동안 이어진 예의 바른 행동거지와 에티켓에 대한 회의로 인해 독일에서 매너 문제는 오스트리아나 영국, 프랑스, 스페인과 비교해 볼 때 별로 중요한 역할을 하지 못했으며 지금도 그러하다.

실제로 매너가 문제시된 것은 68학생 세대(역자 주: 68학생운동을 주도하던 세대. 1967년 베를린에서 팔레비 이란 왕의 방문을 반대하는 데모를 하던 중 한 학생이 경찰의 총에 맞아 숨지는 사건이 발생했다. 당시 학생들의 반응은 격렬하였으며, 이 사건을 계기로 학생층이 폭넓게 의식화되었다. 또한 68학생운동은 독일인의 사고방식과 생활양식을 전격적으로 바꾸어놓았다.)부터였다. 좌파 지성인들은 예의의 종말을 외쳤고, 세련된 에티켓을 권위적인 위협의식이라며 공격했다. 그때부터 거리에서는 티셔츠와 청바지가 넥타이와 양복을 몰아냈다. 그리고 치즈버거와 피자를 먹기 위해서는 빵 칼을 잘 다룰 필요도, 식탁에서 세련된 대화를 주도할 필요도 없었다.

작가 올리버 하젠캄푸Oliver Hasenkamp는 좋은 매너의 훼손을 한마디로 요약했다. "예절은 점점 무시되고 있는 격식이다." 그 대신 자기발전과 관용, 순수가 새로운 이상으로 등장했다. 가치 변화로 사랑 역시 변했다, 아니 특히 사랑이 변했다. 사람들은 다른 생활 영역보다 파트너와의 관계에서 더 즉흥적이고 자유분방하며, 온전한 자기 자신이 되기를 원했다.

그로부터 족히 30년은 지난 오늘날, 가치와 인생관이 새롭게 바꿰었다. 사회조직의 그물망은 점점 더 헐거워지고, 경제적 성공은 어려워졌으며, 이력은 언제라도 무너질 수 있다. 지난 30년 동안 '뭐든지 좋다'는 분위기가 지속되더니, 이제 다시 매너가 각광받기 시작했다. 또한 오래 지속되는 가족의 행복과 안정성에 대한 동경이 부활했다.

68학생운동 세대의 자녀들은 결혼이 성스럽지도 영원하지도 않다는 것을 경험했다. 그만큼 버림받는 것에 대한 두려움도 커졌으며, 정절과 영원히 지속되는 진실한 사랑에 대한 희망이 더욱 뚜렷해졌다.

좋은 매너에 대한 관심의 증가와 성적인 정절에 대한 숙고, 이 두 가지 현상은 언뜻 별 관계가 없어 보인다. 그러나 자세히 들여다보면 서로 밀접한 연관성을 지닌다. 열애의 황홀함과 함께 살게 되면서 느끼는 행복감이 지나간 후 틀에 박힌 일상이 되풀이될 때, 의견 충돌과 신경을 건드리는 상대방의 언행이 지속적인 관계로 발전할 수 있는 기회를 막는다. 그러므로 함께 늙어가기를 원한다면 감정적으로 부딪치는 일을 차단하고, 살아가면서 서로에게 감탄할 수 있도록 만드는 효율적인 전략이 필요하다.

사랑과 예의

사회학자이자 트렌드 연구가인 마티아스 호르크스 Mattias Horx 는

"80, 90세까지 생존하는 사회에서 사랑과 결혼생활의 비결을 밝히기 위해서는 보다 나은 인간공학이 필요하다."라고 정확히 짚어내고 있다. 대부분의 사람들이 그러하듯, 열정이나 세상이 끝나는 날까지 이어지는 할리우드식 로맨스를 동경한다면, 그의 말은 아주 합리적인 것처럼 들린다. 그러나 사랑 문제에 있어 더 신중하라는 조언은 현대 사회학의 산물이 아니다. '관계를 발전시키는 함께하기' 예절의 원조였던 아돌프 프라이헤어 크니게Adolph Freiherr Knigge는 기적을 믿지 않았으며, 관계를 위한 노력을 평생에 걸쳐 해야 한다고 주장했다. 고전이 되어버린 저서 《사교술에 관하여 Über den Umgang mit Menschen》에서 그는 커플에게 감정 문제를 더 지혜롭게 처리하라고 강력하게 권한다.

"매일 얼굴을 마주치게 되는 부부는 서로를 조심스럽게 대해야 한다. 상대방의 실수와 상대방의 기분이 좋지 않다는 것을 아주 조그만 일을 통해서도 알아채고, 불편함을 참아내는 여유와 기회를 충분히 가지는 것이 중요하다. 서로에게 부담스럽지 않게, 지루하지 않게, 냉정하지 않게, 관심이 사라지지 않게, 혐오감이나 거부감을 느끼지 않게 만드는 방법을 찾는 것이 중요하다. 여기에다 지혜로운 신중함이 필요하다. 그렇다고 자신의 모습을 거짓으로 꾸며서는 안 된다. 말과 행동에 있어 신중함을 잃지 말고, 나쁜 인상을 줄 수 있는 언행을 가능한 삼가도록 노력해야 한다."

크니게의 말은 진부하게 들린다. 그러나 인생에 있어 가장 중요한 관계를 지혜롭게 만들어가라는 그의 주장은 합리적이며, 아주 현실적이다.

작은 제스처와 큰 감격

좋은 매너가 다시 관심의 초점이 된 이후로 온갖 종류의 예의범절 관련서들이 넘쳐나고 있다. 직장 예절과 사교 예절은 물론 연애와 성에 관련된 각종 행동지침서들도 우리가 평생 예의 바르게 행동하고 있다는 확신에 빠지게 한다. 그러나 한 가지에 관해서는 전혀 언급하고 있지 않다. 서로 뜨겁게 사랑하고 약혼하고 신경 써서 준비한 결혼식이 끝난 후에, 어떻게 해야 하는지에 대해서는 말이다. 가장 중요한 관계를 위한 행동규범을 다루고 있는 책은 없다.

진지한 연애를 해본 사람이라면 누구나 알고 있다. 아름다운 환상이 없는 관계는 견디기 힘들며, 작은 무심함이 큰 갈등보다 더 마음을 아프게 한다는 것을. 그런 무심함이 너무 자주 나타나면, 커플은 서로에게 실망하게 되고 심지어 헤어지는 계기가 될 수도 있다. 세면대에 달라붙은 머리카락이나 결혼기념일을 잊어버리는 일 혹은 전화기 너머로 들려오는 화난 목소리는 성숙하고 깊은 사랑에는 아무런 영향도 미치지 못할 수도 있다. 하지만 실제로 커플들을 연구한 결과에 따르면, 관계의 성공 여부는 겉으로 보기엔 별로 중요하지 않은 사소한 것에 달렸다고 한다.

- 저녁에 남편이 퇴근하면 남편을 쳐다보고 그의 말에 귀 기울이는가, 아니면 텔레비전 화면에서 눈을 떼지 않는가?
- 아내가 피곤해 할 때 남편이 불을 끄는가, 아니면 책을 보느라 계속 부스럭거리는가?
- 열 번째 결혼기념일에도 남편이 아내에게 매너 있게 자동차 문을 열어주는 것에 즐거움을 느끼는가?
- 남편이 어떻게 경쟁자를 제치고 팀원들을 자기편으로 만들었는지를 다섯 번 넘게 이야기할 때, 아내는 목구멍까지 차오르는 비난을 참고 있는가?

커플연구가들의 말에 의하면 파트너 관계는 요란한 섹스나 깊은 내적인 일치의 순간에 의해 유지되는 것이 아니다. 두 사람의 지속적인 행복에 결정적으로 작용하는 것은 커플이 서로를 대하는 방법과 방식이다.

사랑 강화제, 매너

두 사람이 함께 살 때 예의를 지키면 장기적으로 만족스런 관계를 유지할 수 있다. 그 이유는 단순하다. 서로가 예의를 지키고자 노력하면 부부가 함께 사는 것을 힘들게 하는 수천 가지의 사소한 요인 중 대부분이 사라져버리기 때문이다. 좋은 매너가 어떻게 사랑에 활기를 부여하는지 다음을 살펴보자.

사랑 강화제 1: 배려

매너 있는 사람은 상대방의 욕구에 대한 제7의 감각을 연마한다. 매너 있는 사람의 관심과 배려는 애인으로 하여금 존중받고 이해받으며 사랑받고 있다는 느낌을 갖게 하는 사소한 제스처에서 드러난다. 가령 두 번째 데이트에서 벌써 상대방이 우유를 많이 넣은 카푸치노를 좋아한다는 것을 알아채는 것이다. 또 애인이 스트레스를 받은 것처럼 보이면 그가 즐겨 듣는 재즈곡을 들려주며 긴장을 풀어준다. 사려 깊은 파트너는 상대방의 말에 귀 기울이고 그의 부탁을 바로 들어준다. 그렇게 사소한 배려가 사랑을 변화시킨다. 우리는 상대방을 배려하기 위해 노력할 수는 있지만, 이를 상대방에게 요구하기는 무척 힘들다.

사랑 강화제 2: 확신

당연한 말이지만, 아무도 그리고 어떤 것도 우리가 서로를 평생 남편과 아내로 여기며 영원히 함께 사는 것을 보장하지 못한다. 그럼에도 다음과 같은 사실은 확실하다. 예의를 갖춘 언행은 커플 연구가들이 성공적인 관계를 위해 유리한 전제로 보는 요소 중 많은 것을 가능하게 한다. 또한 상대에게 관심을 가지게 하고, 위기에서도 침착함을 유지하게 한다. 자신의 기분과는 무관하게 말이다. 매너 있는 사람은 자신의 이성이 원하지 않을 때도 공손하게 행동한다. 이렇게 함으로써 부차적인 효과가 따른다. 서로의 관계를 강화시킬 뿐만 아니라, 스스로를 매력적이고 편안한 사람으로 부각시키는 것이다.

사랑 강화제 3: 노력

 매너는 서로를 위해 노력하는 것이다. 가령, 저녁에 늦으면 전화해 주고, 욕실을 깨끗하게 정리해 놓고, 매번 자동차 열쇠를 찾지 못하거나, 짙은 회색 스웨터를 살지 아니면 밝은 회색 스웨터를 살지 망설이는 것을 보고도 화를 내지 않고 참아주는 것이다. 관계를 위해 지속적으로 노력하게 되는 배경에는, 사랑은 한번 획득하고 나면 영원히 즐길 수 있는 행복이 아니라는 이성적인 인식이 존재한다. 사랑은 과부하가 걸려서는 안 되며 규칙적으로 충전해 주어야 한다.

사랑 강화제 4: 자연스러움

 매너 있는 사람은 인간관계를 힘들어하지도 않고, 상대방의 삶을 힘들게 하지도 않는다. 그렇기 때문에 편안한 예절은 관계에 영향을 미친다. 함께 사는 것을 단순하게 하고, 자잘한 신경질을 피할 수 있게 해주며, 관계에 위기가 온다 할지라도 예의를 갖춘 태도를 유지하도록 도와준다. 경험으로 익히고 독서로 습득하고 함께 만들어간 행동 기준은, 엄격한 에티켓이나 냉랭한 허식과는 아무런 관계가 없다. 몸에 밴 매너는 억지스럽지 않고 당연하며 자연스러운 인상을 준다.

사랑 강화제 5: 공정함

사방으로 뿔뿔이 흩어지는 수많은 가치와 생각이 존재하는 세상에서, 사랑하는 사람들 역시 항상 한마음일 수는 없다. 커플연구가들은 서로의 마음이 언제나 일치할 필요는 없다고 말한다. 보다 중요한 것은 커플이 그들의 갈등을 얼마나 지혜롭고 객관적으로, 그리고 주도적으로 해결하는가 하는 것이다. 이때 좋은 매너는 방향을 판단하는 데 믿을 만한 역할을 한다. 예의 바른 사람은 빈정대는 말이나 경멸에 찬 말, 상대방을 깎아내리는 판단("당신이 알 리가 있나…….") 혹은 비난("당신 정말 신경질적이군.")을 하지 않는다. 또 문을 소리 내어 닫거나 비난에 가득 찬 침묵과 냉전이 계속되게 하지도 않는다. 예의는 싸움이 공정할 수 있도록 한다. 한 가지 덧붙이자면, 항상 져주면서 자기 자신의 관심을 무시하는 것 역시 예의 바른 언행이라 할 수는 없다.

사랑 강화제 6: 팀 정신

우리는 커플이라 하더라도 독립적인 인격체로 머물러야 한다. 그러나 사랑의 관계가 형성되면 사람들은 커플을 한 세트로 받아들인다. '샤를로테 그리고 파울'은 세상 사람들 눈에 '샤를로테와 파울'이 되는 것이다. 그리고 커플 중 한 사람의 예의 바른 언행은 파트너에게 영향을 미친다. 샤를로테가 보내는 생일 카드와 크리스마스 카드는 파울에게도 긍정적인 영향을 미친다. 유감스럽게도 그 메커니즘은 거꾸로도 작용한다. 파울이 집주인에게 좋지 않은 인상을 주었다면, 샤를로테는 원하는 집을 빌릴 수 있는 가능성이 줄어든다. 반면 커플이 둘 다 좋은 매너를 가졌다면, 그 커플은 두 배의 이익을 얻는다. 내부적으로는 파트너가 올바른 매너를 가진 것이 자랑스럽기 때문이고, 외부적으로는 두 명으로 이루어진 잘 훈련된 팀으로서 두 배의 영향을 미치기 때문이다.

사랑 강화제 7: 스타일

붉은 장미와 촛불, 아름다운 옷, 잘 꾸며놓은 집으로 서로에게 그리고 세상에 대해 약간은 과시하는 것도 재미있는 일이다. 미국의 여류 심리학자인 샌드라 머레이Sandra Murray는 긍정적인 환상이 사랑의 행복과 개인적인 발전에 자극을 준다고 말했다. 서로를 이상적으로 생각하는 커플은 해가 지나면서 점점 더 이상적인 커플로 발전한다. 이러한 맥락에서 매너는 사랑의 버팀목이 되어줄 뿐 아니라, 상대에게 매번 사랑에 빠지게 하는 아름다운 기회를 주기도 한다.

chapter 2

관계의 시작

첫 번째 데이트, 첫날 밤 그리고 그 이후에 벌어지는 세상에서 가장 혹독한 면접(그의 부모와 그녀의 가장 친한 여자친구), 사랑에서 관계로 이어지는 길은 난처한 상황으로 가득하다.

처음에는 감동이 있다. 마치 하늘을 자유로이 나는 것처럼 느껴진다. 무릎이 떨리고 심장이 미친 듯이 뛴다. 남자는 여자가 쌀에 손을 얹기라도 하면 전율이 흐른다. 그러나 그것은 한쪽 면일 뿐이다. 남자는 자기가 문자 메시지를 두 번 보내야 겨우 한 번 답장을 해주는 여자가 신경 쓰인다. 또 여자는 부모에게 자신을 소개시켜주지 않으려는 남자의 새로운 구실을 들을 때마다 어찌할 바를 모른다.

"기쁨 충만 / 고통 가득 / 생각이 많으며 / 떠다니는 고통 속에 두려움을 느낀다." 괴테는 사랑에 빠진 상태의 혼란스러운 감정을 이렇게 묘사한다. 호르몬과 냄새분자, 외모와 평판, 공통점과 차이점으로 이루어진, 폭발력 강한 혼합물에서 사랑이 생기는지는 확실하지 않다. 이 장은 당신이 관계를 시작하면서 만나게 될 결정적인 상황을 잘 헤쳐 나갈 수 있도록 인도할 것이다.

러브 토크 1

가볍고 느슨하게 유혹하라

사랑에 빠지려면 그에 앞서 서곡이 있어야 한다. 즉, 첫 번째 만남이 있어야 한다. 시선이 서로 마주친다. 그가 웃는다. 그녀가 머리를 옆으로 숙인다. 누군가 말을 걸고 두 사람은 대화를 시작한다.

서로를 알아가는 과정은 아주 단순하게 이루어진다. 사소한 행동이 그 과정을 방해하지만 않는다면 말이다. 예를 들어, 처음 만났을 때 적절치 않은 순간에 시선을 돌리거나, 서툴게 느껴지는 유혹의 말 한마디를 던지면 상대방의 관심은 순식간에 사라져버린다. 특히 여자는 첫 번째 유혹에서 남자가 그런 행동을 보이면 가차 없이 마음을 접는다. 첫 번째 만남에서 좋은 인상을 주기 위해 많은 것이 필요하지는 않다. 그러나 이때 아주 중요한 규칙이 있다.

첫 번째 눈 맞춤

첫눈에 반하는 사랑도 있긴 하다. 그러나 아주 예외적인 경우이다. 대부분 불꽃이 튀기까지 단 한 번의 눈 맞춤으로는 부족하다. 어떤 커플은 서로가 운명이라는 것을 알게 되기까지 아주 오랜 시간이 걸리기도 한다. 그러나 우리는 매력적으로 보이는 그가 자신에게 관심을 가져주는 이성을 기다리고 있다는 것을 첫눈에 알 수 있다.

실제로 첫 번째 눈 맞춤이 어떻게 작용하는지에 관해 학문적으로 상세하게 연구되어 있다. 눈 맞춤은 3초 이상 지속되는 짧은 시선으로 시작된다. 이때 먼저 쳐다보고 추파를 던지는 쪽은 예상외로 대부분 여자이다. 미국 심리학자인 데브라 월시Debra Walsh가 어느 바에서 행했던 실험에서, 남자들은 자신을 쳐다보지 않는 여자에게는 말을 걸지 않는다는 결과가 나왔다.

여성을 위한 TIPS

마음에 드는 남자가 있다면 눈을 맞춰라. 이것은 남자가 당신에게 접근하도록 세련되게 유도할 수 있는 가장 간단한 방법이다. 이때 주의할 점은 많은 남자들이 무언가 알고 싶어 하는 눈빛과 추파의 눈빛을 구분하지 못한다는 것이다. 남자는 언제 어디서든 흥미로운 시선을 보내면 당신에게 **접근하라는 요구로 해석한다.**

추파 주고받기

행동연구가인 크리스티아네 트라미츠Christiane Tramitz에 따르면 싱글 남자 열 명 중 한 명만이 여자와 처음 눈이 마주치자마자 바로 행동에 들어간다고 한다. 대부분은 두 번, 세 번, 네 번까지 신호를 기다리고, 여자가 자신에게 관심이 있는 것이 확실해지면 그제야 반응을 보인다. 여자가 네 번째 신호를 보낸 후에야 웃음을 보내거나 눈을 맞추는 것이다.

그후에 어떻게 진행되는지는 다시 여자에게 달렸다. 그녀가 몇 번의 추파 신호를 보냈는지에 따라 그 이상으로 진행될지, 아니면 그저 기분 좋은 일회성 만남으로 끝날지가 결정된다. 전형적인 여성의 추파 신호에는 웃음과 눈빛을 보내는 것 외에, 에로틱하게 자기 몸을 만지는 것도 포함된다. 머리카락을 뒤로 쓸어 넘기거나 목을 만지고, 스웨터 깃으로 장난을 치거나 천천히 와인 잔을 잡는다. 특히 잡지나 책 같은 심리적인 방패물을 내려놓거나, 노트북을 옆으로 치우거나, 커피 잔에서 입을 떼거나, 자리에서 일어나서 카페나 술집을 천천히 가로질러 가면 더 많은 주목을 받을 수 있다.

적당한 추파 신호는 아름다운 얼굴과 멋진 몸매를 손쉽게 만회하는 것처럼 보인다. 미국의 사회학자 모니카 무어Monica Moore가 술집과 쇼핑센터, 도서관에서 실시한 설문조사 결과는 다음과 같다. "신호를 별로 보내지 않는 아주 매력적인 여자보다 많은 신호를 보내는 덜 매력적인 여자에게 남자들이 더 많이 접근한다."

여성을 위한 TIPS

세심한 신호가 강한 영향을 미친다. 눈 맞춤을 반복하며 웃으면서 머리카락을 쓸어 넘기는 여자는 자신이 선택한 사람이 말을 걸어올 확률이 60퍼센트에 달한다. 그러는 동시에 수줍어하면 더 많은 장점이 있다. 수줍은 눈빛과 무심한 듯하지만 시선을 붙잡는 행동은 도발적이며 선정적인 제스처만큼 강한 영향을 미치기 때문이다. 인류학자 데이비드 기븐스David Givens는 그 이유를 이렇게 설명한다. '추파 신호는 누구나 활용할 수 있으며 덜 위협적으로 느껴지는 전략이다.'

남성을 위한 TIPS

구애하는 것은 좋지만 치근대지는 마라. 물론 당신이 먼저 눈 맞춤을 감행할 수도 있다. 그러나 첫 번째 유혹에서는 여자에게 주도권을 넘기는 게 좋다. 그녀에게 어떤 압박도 가하지 마라. 그녀의 시선을 너무 오래 붙잡아선 안 된다. 여자들은 원하지 않는 관심을 부담스럽게 느낄 뿐, 절대 매력적으로 느끼지 않는다. 또한 여자들은 무관심을 명확하게 드러내기 위해 아주 정중하게 행동할 때도 많다. 그러므로 당신의 행운을 시험해 보는 것은 좋지만 거리를 유지하라. 그리고 그녀의 거절을 존중하라.

첫 번째 단계

처음 눈길을 보내는 것은 대부분 여자들이다. 그에 반해 첫 번째 단계에 본격적으로 들어서면 남자들이 주도하는 경우가 많다. 그렇다고 남자가 말을 걸어올 때까지 여자가 기다려야 한다는 의미는 아니다. 여자가 먼저 말을 걸어도 예의에 벗어나지 않는다.

누가 먼저 시작하느냐와 상관없이 첫 번째 단계에 공포를 느낄 필요는 없다. 심리학자 마이클 커닝햄Michael Cunningham은 다음과 같은 사실을 밝혀냈다. 남자들은 어떤 형태이든 여성의 관심을 기꺼이 받아들인다. 반면 여자들은 시작 단계의 화려함보다는 그후에 이어지는 과정에 호감을 느낀다.

추파를 보내는 것에서부터 말을 거는 과정이 중단되지 않고 계속 이어지는 것이 중요한데, 그 시간은 무척 짧다. 눈빛 교환과 첫 번째 단계 사이에 30초 이상이 소요되면 둘 중 한 사람이(대부분은 여자다) 눈의 대화를 중단한다.

어떻게 시작해야 할지 오래 고민하지 마라. 그냥 웃으면서 무슨 말이든 하면 된다. 부담 없는 질문과 긍정적인 관찰로 말문을 터라.

- 지하철 안에서: "이 구간을 자주 다니세요?"
- 신년 만찬에서: "잔이 비었군요. 마실 것 좀 가져다드릴까요?"
- 채소 가판대에서: "양배추도 있나요?"
- 클럽에서: "당신이 마시는 음료가 맛있어 보이는군요. 그게 뭔가요?"

- 집들이에서: "안녕하세요, 저는 벤야민이라고 해요. 당신은요?"

두 명 중 한 명은 일상적인 언급에 대해 친근한 반응을 보일 것이다. 또한 직접적인 접근으로도 성공적인 결과를 이끌어낼 수 있다. "안녕하세요, 당신을 만나고 싶어요."

여성을 위한 TIPS

누가 먼저 말을 거느냐는 성(性)과 관련이 없다. 남자들은 여자들이 어떻게 대화를 시작하는지에 대해서는 별로 관심이 없다. 여자들이 먼저 대화를 시작했다는 것에만 관심이 있다. 그러므로 가볍게 "안녕하세요!"라고 말하며 시간을 물어보거나, 그가 가지고 있는 팸플릿을 잠시 봐도 괜찮겠느냐고 물어보거나, 스포츠 경기의 득점 상황에 대해 물어보라. 그러면 성공은 거의 확실하다.

남성을 위한 TIPS

절대 노골적으로 유혹하지 마라. 가벼운 대화로 시작해야 한다. 여성 다섯 명 중 네 명은 다음과 같은 말에 부정적으로 반응한다.
- "우리 어디서 만난 적이 있던가요?" (진부한 말)
- "우리 내일 같이 아침식사를 하는 게 어떨까요?" (부담스러운 말)
- "당신 머리색은 내 침대 시트와 아주 잘 어울리는군요." (유혹의 말)
- "길을 잃었는데, 당신 집에 가도 될까요?" (유치한 말)
- "삶은 거대한 퍼즐과도 같아요. 당신은 나에게 없는 바로 그 퍼즐 조각이군요." (과장된 말)

가벼운 대화

자, 이제 첫 번째 장애물을 뛰어넘었다. 지금 당신은 대화 중이다. 그 다음에 이어지는 것은 함께하는 삶의 시작일 수도 있고, 격정적인 열애의 서막일 수도 있고, 단순히 휴대전화 번호를 알려주는 것일 수도 있다. 그러므로 현실적으로 생각해 보자.

가벼운 대화는 일종의 구애 인터뷰이다. 서로에게 끌리는지, 아주 작은 접촉에도 전기가 오르는지 두 사람이 시험해 보는 시범 연기와도 같은 것이다. 이때 구애의 다섯 가지 규칙이 있다.

| 대화의 실마리를 연결하라 | 첫 번째 대화는 연상의 원칙에 따라 진행하라. 그러면서 일반적인 영역에만 머물지 말고 순수하게 느껴지는 당신의 관심사를 보여주는 것이다. 그렇게 하면 대화를 점점 더 친밀하게 이끌어갈 수 있다. 가령 바에서 들려오는 음악이나 사람들이 즐겨 듣는 음악 장르에 관해서 또는 어렸을 때 배웠던 악기에 대해서 말하라. 그 다음에는 바로 얼마 전까지 상상도 못했던 일을 지금은 아주 즐겁게 느끼고 있음을 털어놓아라. "어렸을 때는 시골이 작고 답답해서 싫었는데 이젠 아름답게 느껴져요." 일반적인 대화와는 다르게, 구애에서는 대화를 점점 심화시켜 나가는 것이 중요하다. 개인적인 얘기를 많이 할수록 더 빨리 가까워진다.

| 관심을 표명하라 | 대부분의 사람들은 상대방을 주시하면서 그의 말을 열심히 듣는 것이 아주 매력적이라고 생각한다. 그러므로 지금 이 순간 상대방이 이 세상에서 가장 중요한 사람이라는 인상을 주면서 확실하게 유혹하라. "정말 재미있는데요, 더 이야기해 봐요." 이렇게 말하면 상대방이 좋아하는 주제에 대해 느끼는 감정이 자연스럽게 당신에게 옮겨간다.

| 속마음을 털어놓아라 | 사무적인 것에 관한 대화는 친근감을 불러일으키지 않는다. 그러나 자신의 특별한 관심과 감정에 관해 이야기하면 많은 친밀감이 생긴다. "나는 항상 이런 것에 열광했죠." "난 그게 매력적이라고 생각해요." 이때 중요한 것은 서로를 알아가는 초기 단계에서는 계획과 꿈, 특별한 관심에 관한 이야기를 해야지, 절대 문제점이나 걱정 혹은 실패한 관계에 관해 이야기해서는 안 된다. 그러나 때로 작은 허점은 호감을 갖게 한다. "그게 무슨 뜻이죠? 프랑스어를 잘 몰라서요."

| 접촉하라 | 사랑이 시작되려면 즐거운 대화만으로는 부족하다. 서로에게 끌린다면 가벼운 접촉으로 얼마나 친밀감을 느끼는지를 시험해 볼 수 있다. 이때 중요한 것은 첫 번째 접촉은 예민한 감각을 필요로 한다는 것이다. 우연히 일어난 것처럼 해야 하고, 절대로 부담스럽게 느껴져서는 안 된다. 팔을 잠깐 잡거나 머리를

맞대거나 손을 잡는 것, 그 이상은 안 된다. 상대방이 스킨십을 불편하게 느끼거나 몸을 피한다면 거리를 두어라. 적어도 팔 길이 정도의 거리를 두어야 한다. 그리고 더 이상 접근하려고 시도하지 마라.

| 동일한 박자로 움직여라 | 사람들은 커플이 서로 친해졌음을 그들이 동일한 박자로 움직이는 것에서 알아차린다. 여자가 차를 한 모금 마시고 남자는 차를 따른다. 남자가 몸을 앞으로 숙이고 여자도 찻주전자 가까이 몸을 숙인다. 이러한 일치된 행동은 그들이 서로 비슷해졌으며 관심과 취향이 같다는 것을 보여준다. 의도적으로 상대방의 리듬에 따르고 같은 태도를 취하고, 상대방이 말하는 속도에 맞추면서 그 효과를 보다 강화할 수 있다.

여성을 위한 TIPS

여자들은 선택을 할 때 남자보다 비판적이다. 여자들은 임신이라는 위험을 감당해야 하기 때문에 생체학적으로 남자보다 더 빨리 그리고 냉정하게 상대방이 적합한지 아닌지를 판단한다. 가끔은 그것이 스스로에게 손해가 되기도 하지만 말이다.

여자는 자기 타입이 아니거나, 첫눈에 불꽃이 튀지 않거나, 유머가 없는 남자는 빨리 탈락시킨다. 하지만 천생연분은 첫눈에 드러나지 않기 때문에 그렇게 빨리 결정하는 것은 안타까운 일이다. 가끔은 사랑의 화살이 꽂힐 때까지 몇 달간의 만남이 필요할 때도 있다. 그러므로 상대방과의 만남이 어떻게 진행되는지를 기다리고 관찰하는 것이 지혜롭다. 단순하게 들릴지 모르지만 이게 진리이다. 진지한 관계를 위해서는 구름 위를 떠다니는 것 같은 행복한 느낌보다 공동의 관심사와 가치가 훨씬 중요하다.

남성을 위한 TIPS

여자들은 선택을 할 때 남자보다 비판적이다. 남자가 첫 번째 만남에서 여자의 기대치를 충족시키지 못하면 그 관계는 내면적으로 위축된다. 갑자기 여자의 관심을 잃게 되는 가장 큰 이유는 다음과 같다.

첫째, 자기 자신에 대해 너무 많이 얘기한다.

둘째, 여자를 너무 빨리 너무 오래 너무 급하게 만지려 한다.

그러므로 매력적으로 보이기 위해서는 무엇보다 자신의 장점과 성공에 관해 오래 이야기해선 안 된다. 전문적이거나 사무적인 주제에 관해 혼자 떠들어대지 마라. 대신 상대방을 대화로 끌어들여라. 질문하고 귀 기울여 듣고, 짧은 대답으로 계속 이야기하게끔 격려해 주는 것이다. "와우, 재미있는데요!" "어떻게 그렇게 됐어요?"

또 하나, 서로를 알아가는 초기 단계에서는 여자로 하여금 안정감을 느끼게 하고 보호받고 있다는 느낌을 줄 수 있도록 신사다운 짧은 스킨십에서 그쳐야 한다. 함께 걸어갈 때 가볍게 팔을 잡거나, 그녀가 먼저 문을 지나가게 하면서 팔을 살짝 허리에 갖다대거나, 그녀의 얼굴에서 스치듯이 머리카락을 떼어주는 것이다. 이런 신사다운 제스처는 부담스럽지 않아야 한다. (입술이 손등에 닿아서는 안 되는 손 키스와 비슷하다.) 가슴이나 엉덩이, 허벅지를 만지는 것은 관계의 첫 번째 단계에서, 그것도 많은 사람들이 있는 곳에서는 절대로 해선 안 된다.

지속적인 만남

 파티에서 대화를 나누다가 생각보다 훨씬 많은 시간이 지났음을 알게 된다면 좋은 징조이다. 그러나 첫 번째 만남이 얼마나 성공적으로 진행되는가 하는 문제는 시간과는 거의 무관하다. 보통 우리는 4분 30초 정도가 지나면 상대방이 계속 만날 정도로 매력적인지 아닌지를 결정한다. 그렇더라도 비교적 긴 대화를 나눈 뒤에 휴대전화 번호를 물어보거나 다음 약속을 잡는 것이 매너 있는 행동이다. 그러나 시간이 촉박하다면 관심을 조용히 표현할 수 있다.

- "다시 만날 수 있을까요?"
- "공연 끝나고 와인 한잔 같이 해도 괜찮을까요?"
- "시간 있으시면 커피 한잔 하시겠어요?"
- "계속 만났으면 좋겠네요. 이게 내 휴대전화 번호예요."
- "전화해도 될까요?"
- "당신에게 어떻게 연락해야 할까요?"
- "토요일에 산에 갈 계획인데, 함께 갈래요?"

여성을 위한 TIPS

그를 다시 만나고 싶은지 잘 모르겠다. 그렇다면 휴대전화 번호를 가르쳐 주지 말고, 대신 그의 번호를 저장하라. 그럼으로써 당신이 결정적인 패를 손에 쥘 수 있다. 하루가 지나도 그 남자가 생각난다면 그에게 문자를 보내라.

남성을 위한 TIPS

휴대전화 번호를 물어볼 때는 처음 말을 걸 때처럼 조심스럽게 행동하라. 치근내는 듯한 말을 해선 안 된다. 가장 좋은 방법은 딩신 번호를 쓴 메모지를 그녀의 손에 쥐어주면서 이렇게 말하는 것이다. "나에게 연락하려면 여기로 전화해요." "문자 기다릴게요." 이때 명함을 사용해선 안 된다. 오만하다는 인상을 줄 수 있기 때문이다.

러브토크 2

사랑에 활기를 불어넣어라

사랑에 빠지고, 약혼을 하고, 결혼을 한다. 과거에는 그랬다. 그러나 지금은 흥미로운 만남이 지속적인 관계로 발전한다는 어떠한 보장도 없다. 당연히 불안할 수밖에 없다. 피크닉을 가고, 짜릿한 섹스를 즐기고, 주말이면 즉흥적으로 여행을 떠나고, 밤새도록 대화도 나눈다. 사랑에 빠진, 미친 듯한 열정은 현실세계에 발을 디딤으로써 끝난다. 21세기에 사랑의 열정은 일시적이다.

그러나 그런 사랑의 황홀경에서 순수하고 지속적인 사랑이 솟아난다면, 처음 사랑에 빠졌던 순간의 낭만적인 감정을 기억의 보물창고로 만들어, 몇 년 혹은 수십 년을 지탱해 나갈 수 있을 것이다. 연구결과에 의하면 연애의 초기단계가 할리우드 동화와 비슷하면 할수록, 후에 어려움이 닥쳐도 잘 해결해 나간다고 한다.

당신이 뜨거운 연애를 염두에 두든 영원한 사랑을 동경하든 간에, 관계의 서곡을 잊히지 않는 경험으로 만들어라. 현실적인 문제를 생각할 시간은 나중에도 충분하다.

가슴을 두근거리게 하라

영화 〈프리티 우먼〉에서 리처드 기어는 줄리아 로버츠를 〈라 트라비아타〉 공연에 데리고 가서, 태어나서 처음으로 오페라의 아름다움을 체험하게 해줌으로써 마음을 사로잡았다. 또 〈아웃 오브 아프리카〉에서 로버트 레드포드는 드넓은 초원에서 모차르트 음악을 들려주며 메릴 스트립을 매혹시켰다.

멋진 무대배경이 열정을 자극한다. 영화에서뿐만 아니라 실제 삶에서도 그렇다. 미국의 심리학자 아더 아론Arthur Aron이 이 사실을 증명했다. 그는 예쁘게 생긴 여직원을 밴쿠버 근처의 카필라노 계곡으로 보냈다. 그 계곡에는 두 개의 다리가 놓여 있다. 80미터 높이의 멋진 장관을 볼 수 있는 보행전용 다리와 강의 지류로 이어지는 견고한 보통 다리. 두 다리 위에서 여직원은 지나가는 남자들에게 말을 걸고 설문지를 써달라고 부탁했다. 그리고 다른 설문조사를 해야 한다면서 자신의 전화번호를 주었다. 기대했던 대로 설문자 중 몇 명이 여직원에게 연락을 시도했다. 그런데 이때 차이점이 있었다. 높은 다리 위에서 설문지를 작성했던 남자 18명 중 9명이 연락을 했고, 평범한 다리에서 설문지를 작성했던 16명 중에서는 2명만이 연락을 해왔다.

이 실험은 판에 박힌 일상 밖에서 일어나는 일이나 강한 인상을 불러일으키는 것 혹은 위험을 내포하고 있는 것들이 열정에 불꽃이 튀게 함을 명백하게 보여준다. 관계의 환각상태에는 생물학적 원인이 있다. 위험한 상황을 겪거나 멋진 풍경을 보면 아드레날린 분비가 촉진되고 심장이 빨리 뛴다. 우리는 흥분하고 황홀경을 느낀다. 사랑처럼 느껴지는 감정이 우리를 지배하는 것이다. 그리고 이렇게 결론짓게 된다. '이건 틀림없이 사랑일 거야……'

새로운 연인이 당신을 쳐다보게 만드는 간단한 비법이 있다. 첫 번째 약속에서 전력을 다하라. 그리고 잊을 수 없는 순간을 만들어라. 당신과의 만남을 이 세상에 단 하나밖에 존재하지 않는 무엇으로 만드는 것이다. 그렇다고 헬리콥터 스키나 방콕행 비행기 티켓으로 이벤트를 하라는 건 아니다.

평범한 일상보다 조금만 더 특별하면 된다. 달밤의 피크닉은 이탈리아 식당에서의 저녁식사보다 훨씬 아름답다. 일반 자동차를 타고 가는 것보다는 깜찍한 스쿠터를 타고 가는 게 더 매력적이다. 작가 바스 카스트Bas Kast는 이를 명확하게 말해 준다. "우리가 사랑하기 때문에 심장이 뛰는 게 아니라, 심장이 뛰기 때문에 서로 사랑하는 거야."

TIPS

첫 번째 데이트 장소를 전략적으로 선택하라. 잡담을 좋아하지 않는 사람에게는 공동으로 할 수 있는 무언가를 제안하는 것이 좋다. 음악회나 전시회에 가고, 함께 요가를 하거나 스키를 타라. 무언가를 함께하는 것은 연애 초기단계에 대화 소재를 제공하고, 어색한 침묵을 쉽게 넘길 수 있게 해준다. 식사나 커피를 함께하고 싶다면 당신이 즐겨 찾는 식당을 약속 장소로 잡지 마라. 눈치 없는 웨이터가 전 남자친구나 여자친구의 안부를 물을 수도 있다.

데이트에서 최선을 보여라

사랑은 초반에 불타오를 것 같지만 생각보다 쉽게 식는다. 새로운 애인이 자신을 '겁쟁이'라고 불렀을 때, 저녁 내내 전 남자친구 때문에 겪은 고통에 대해 이야기했을 때, 첫눈에 사랑에 빠진 남자가 집에서 만들어 먹으면 더 싸다며 식당에서 에스프레소 마시는 것을 포기했을 때처럼 사소한 일에도 사랑은 식는다.

TIPS

첫 번째 데이트에서 피해야 할 주제이다. 한 결혼에이전시에서 첫 번째 데이트 때 피해야 할 주제에 대해 500명에게 설문조사를 했다. 결과는 다음과 같았다. 첫째는 과거의 애인 문제, 둘째는 스포츠 관련 부상을 포함한 질병 문제, 셋째는 체중 문제였다. 덧붙여서 남자들은 별자리에 관한 얘기를 별로 좋아하지 않으며, 여자들은 컴퓨터 관련 얘기를 지루해 한다.

서로를 아주 매력적인 사람으로 느낀다 할지라도 모든 만남은 처음엔 품질검사와 같다. 아래는 바람직한 데이트를 위해 지켜야 할 규칙이다.

| 상대방의 관심사가 무엇인지 생각하라 | 그리고 그것에 관해 약간만 언급하라. 새로운 연인에게 유명한 오페라 한 소절을 불러주는 것으로 족하다. 클래식 음악을 잘 모르는 사람에게 난해한 오페라 티켓으로 감동을 주려고 해봤자 별 도움이 되지 않는다.

| 연락을 할 때는 신뢰감이 가도록 하라 | 과거에 비해 남녀관계는 많은 부분이 달라졌다. 여자가 먼저 전화할 수도 있고, 실제로 많은 여자들이 그렇게 한다. 그러나 대부분의 여자들은 먼저 연락하는 것을 좋아하지 않는다. 왜냐하면 남자가 자신에게 관심이 있어서 연락을 하면, 여자는 마음 깊은 곳에서 자부심을 느끼기 때문이다. 만나고 나서 늦어도 24시간이 지나기 전에 연락을 하라. 문자 메시지로 잘 자라는 인사나 아침인사를 하는 것도 좋다.

| 약속을 분명하게 하라 | 첫 번째 단계에서는 적어도 사흘 전에 약속을 하는 것이 좋다. 상대방에게 다음 만남을 준비할 시간을 주기 위해서다. 이때 다음과 같은 신호도 보내라. 당신에 대한 나의 관심은 오늘과 내일을 지나 계속된다는 것을. 물론 그 사이 즉

흥적인 만남을 하지 말라는 이야기는 아니다!

| 최선을 다하라 | 정각에 도착하라. 그리고 신경 써서 차려입어라. 초라한 것보다는 약간 화려하게 입는 게 낫다. 입냄새가 나지 않게 하고, 웨이터에게 친절하게 대하고, 대화 주제를 몇 가지 준비하고, 휴대전화는 꺼둔다. 어쩔 수 없이 통화를 해야 한다면 그 사이에 상대방이 와인을 고르거나 식사를 주문할 수 있게 신경 써라.

| 관대하게 행동하라 | 가격 비교와 절약정신은 일상에서는 필요한 일이지만 낭만적인 단계에서는 상대방을 불쾌하게 만든다. 싸구려 와인만 찾아다니는 남자("싼 거치곤 정말 맛있는데!")나 주말에 영화관에 가자는 제의를 거절하는 계산이 빠른 여자("화요일로 미루죠. 그날이 영화표가 더 싸니까요.")는 사랑의 마법을 방해한다.

| 감사의 말을 구체적으로 하라 | "디저트가 아주 맛있었어요." "이번 전시회는 현대 미술을 새로운 눈으로 보게 해주었어요." "내 말에 귀 기울여줘서 고마워요. 정말 기분 좋았어요." 상대방이 당신이 원하는 음식점을 고르지 않았거나 당신의 이상형이 아니라 해도 고맙다는 말을 잊지 마라. 상대방이 데이트에 투자한 시간과 노력을 인정해 주어야 하지 않겠는가. 그렇다고 거짓으로 즐거운 척할 필요는 없지만 칭찬할 부분은 칭찬해 주는 게 좋다.

칭찬한다고 해서 만남을 계속해야 할 의무는 없기 때문이다.

러브 토크 Q&A

Q 데이트에서 누가 식사비를 내고 영화표를 사야 하는지 알고 싶습니다. 비용을 분담해야 하나요, 아니면 항상 남자가 내야 하나요? 그것도 아니면 누가 초대를 했느냐에 달린 건가요?

A 전통적으로 남자가 두 사람 몫을 냅니다. 여자가 영화관에 가자고 했더라도 상관없습니다. 당신과 함께 간 여자가 계산을 나눠서 하자고 한다면 웃으면서 거절하세요. 그리고 절대 모욕감을 느꼈다는 표현을 해서는 안 됩니다. "내가 이 정도 돈도 낼 능력이 없다고 생각하는 겁니까?"처럼 말이죠.
요즘엔 더치페이도 많이 합니다. 한 설문조사에 따르면 커플 중 삼분의 일이 이런 방법을 선호한다고 합니다. 큰 액수는 조용히 나누어 내고, 커피값 정도는 지갑을 먼저 꺼낸 사람이 내는 거죠. 하지만 작은 돈을 나누어 내거나 주차료의 반을 요구하는 것은 너무 치사해 보일 것입니다.

연애가 사랑으로 발전하는 방법

3주 후든 석 달 후든 호르몬의 혼란이 수그러드는 시점이 온다. 새로운 남자 혹은 새로운 여자가 삶 속에서 계속 감정을 지배하지만, 친밀함과 안정감이 점점 증가하면서 생각이 확장된다. 관계가 더 발전할 수 있을까? 우리가 정말 서로에게 맞는 걸까? 내가 이 관계를 원하나? 우리에게 공동의 관심사가 있나? 우리는 인생에서 동일한 것을 추구하나? 지금까지는 열정의 순간에 완전히 몰두했다면, 이제부터는 함께하는 미래가 중요하다. 서로를 커플로 인식하기 시작하고, 관계는 새로운 국면을 맞이한다.

이 시점에 알아야 할 사항이 있다. 연애 초기단계에서는 외면적인 것과 다른 매력이 영향을 미쳤다면, 이제는 내적인 가치와 공동의 인생관이 점차 시야에 들어온다. 결속력을 강화하기 위해 다음과 같이 할 수 있다.

| **당신의 가치관과 야망, 기대치를 알려주어라** | 추측컨대 당신은 밤새도록 이어지는 대화에서 자신에 대해 많이 알려주었을 것이다. 이제 연애의 두 번째 단계로 한 걸음 더 나아가라. 서로의 생각과 가치관을 알려주는 것이다. 가상의 질문을 해도 좋다. "당신에게 완벽한 하루는 어떤 거야?" "우리가 10년 전에 알았더라면 어땠을까?" 이런 장난스런 대화를 통해 서로를 더 잘 알게 될 것이다.

| **'완벽한' 관계에 대해 대화를 나눠보라** | 초기에는 결혼 계획이나 자녀 계획에 관해 이야기하는 것이 거리감 없이 느껴질 것이다. 당신이 언제든 승진을 위해 외국으로 가려 한다는 것, 자녀가 없는 삶은 상상할 수도 없다는 것, 결혼을 별로 중요시하지 않는다는 것 등 새로운 파트너에 대한 배려에는 이런 솔직함이 필요하

다. 질문으로 대화를 시작해 보라. "당신에게 이상적인 파트너 관계는 어떤 거야?" "당신은 앞으로 3년 동안 당신 삶이 어떨 거라고 생각해?"

| 공통점을 키워 나가라 | 공동의 취미나 습관, 장점보다 더 서로를 결합시켜주는 것은 없다. 그러므로 조금이라도 비슷한 부분이 있다면 함께 즐겨라. 예술에서부터 텔레비전 리얼리티 프로그램까지. 많은 연구결과, 공통점은 조화와 화목을 보증해 준다고 한다. 커플이 서로 비슷하면 할수록 서로의 존재를 확인하게 되고 관계는 더욱 확고해진다.

| 서로를 풍요롭게 하라 | 커플의 비슷한 점은 사랑을 견고하게 만들고, 차이점은 서로를 매력적으로 보이게 한다. 하지만 이때 주의해야 할 점은, 차이점이 흥미롭게 작용할 경우에만 그러하다는 것이다. 그러므로 인색한 남자에게 비싼 선물을 해서는 안 된다. 대신 고급 초콜릿을 조금 맛보게 해주는 것으로 놀라움을 선사하라. 상대방에게 지금까지 알지 못했던 삶의 스타일로 넘어갈 수 있는 다리를 조심스럽고 지혜롭게 놓아주는 것이다.

| 사랑을 추억으로 만들어라 | 당신이 지금 보내는 시간은 아마도 그와 함께하는 러브 스토리의 시작일 것이다. 언젠가 그 기억은

관계 유지에 필요한 최후의 버팀목이 될 수도 있다. 그러므로 연애를 낭만적이고 아름답고 독특하게 가꾸어감으로써, 몇 년 후에도 그 추억에 관해 즐겁게 이야기할 수 있도록 하라.

러브토크 3

상대방의 삶에 끼어들어라

만남이 관계로 발전하면 엄격한 테스트가 기다리고 있다. 테스트를 거부하지 않을 경우, 점차 파트너의 삶에서 중요한 것들을 알게 된다. 사랑이 두 사람의 영역을 벗어나게 되는 것이다. 부모와 형제자매, 애완동물, 친구, 친지, 동료 등을 만나게 되면서, 서로를 완벽한 커플로 여기던 사람들이 처음으로 비판적인 시각에 자신을 내맡긴다.

우리가 사랑하는 가족과 친지는 새로운 사람이 우리 삶에 들어오는 것을 무조건 좋아하지는 않는다. 그래서 이미 존재하는 관계 속에 끼어드는 것은 아주 까다로운 문제이다. 교통량이 많은 도로 속으로 끼어드는 것처럼 말이다. 특히 연인이 끼어들려는 준비를 전혀 하지 않을 경우 더 그러하다.

연인을 소개하는 타이밍

　연인을 아무렇지도 않게 자신의 영역으로 데리고 가는 게 가장 무난할 것이다. 가령 쇼핑하다가 그녀의 가장 친한 여자친구를 우연히 마주친다거나, 농구 경기장에서 그의 동료를 만난다거나, 그녀의 집에 잠깐 들러 부모님과 인사하는 등의 우연한 만남은 관계가 발전하는 것을 비교적 수월하게 해준다.
　주의해야 할 점은 첫 번째 만남을 너무 늦추지 말라는 것이다. 가족이 당신이 만나는 모든 사람에 관해 알 필요는 없지만, 가벼운 만남 이상을 원한다면 새로운 상대방을 소개해 주는 것이 매너 있는 행동이다.

어렵지만 피할 수 없다

　물론 힘들 거라고 예상되는 경우도 있다. 당신에게 중요한 사람들이 새로운 사랑을 거부하는 일도 당연히 있다. 그렇다고 부모님을 위해 애인과 작별을 고할 수는 없다. 그런 만남에 대안은 없다. 어려운 상황을 헤쳐 나가는 것은 그저 당신에게 달렸다.

러브토크 5

서로에게 적응하라

    결혼 평균 연령이 1970년대보다 7년 더 높아졌다. 이 7년에는 다음과 같은 것이 포함되어 있다. 20대 초반부터 중반까지는 인격이 형성되어가는 시기라서 누군가에게 쉽게 영향을 받았다면, 서른 번째 생일을 맞을 즈음에는 인격이 완전히 형성되어 사랑하는 사람을 위해서라 해도 자신의 인격을 쉽게 포기하지 않는다. 왜냐하면 인간이 관계를 위해 자신의 기대치를 억누르는 시기는 이미 지나갔기 때문이다. 현대에 들어서 커플 관계는 서로의 꿈을 존중하고, 다른 생각을 참아낼 만큼 사랑할 가치가 있다고 느끼는 감정으로 유지되기 때문이다.

상대방의 욕구를 고려하라

좋은 매너는 까다로운 두 개인이 원하는 바를 유연하게 조화시킬 수 있도록 해준다. 예의 바른 사람은 상대방이 뭘 필요로 하는지, 부족한 것이 무엇인지 안다. 지금 어떤 일에 몰두하고 있건 아니건 상관없이 말이다. 베스트셀러 작가 아스파 보센 아세라테 Asfa-Wossen Asserate는 《매너》에서 그 이유를 명확하게 밝히고 있다. "모든 사람을 호기심에서가 아니라 보호와 배려의 차원에서 대하기 때문이다."

예의를 갖춘 부부는 이런 좋은 매너를 통해 많은 사소한 문제를 해결한다. 배우자가 식사하는 동안 전화하는 것을 싫어한다는 사실을 알기에 가급적 피하고, 밤늦게 잠자리에 들면 이 세상에서 가장 사랑스런 아내가 잠에서 깰까봐 밤늦게 상영하는 영화는 녹화해 둔다.

상대의 특성을 존중하라

모순적이게도 전에는 정말 사랑스럽다고 생각했던 상대방의 성격이 지금은 너무 거슬린다. 그때는 그의 평온한 모습에 반했다. 그런데 지금은 의사소통 능력이 떨어지고 인간관계를 맺을 줄 모르는 것처럼 보인다. 그때는 그녀의 직업적 성공에 경탄했다. 그런데 지금은 "아기를 가지면 어떨까?"라는 질문에 아무 말이 없는 그녀가 이해되지 않는다. 두 사람이 더 이상 하나라고 느끼지 못한다면 실망과 갈등은 이미 예고된 것이다. 어쨌든 두 사람은 마음에 들지 않는 상대방의 성격을 받아들여야 한다는 점을 인식해야 한다. 부부 간의 예의는 다른 점을 존중하는 것이며, 서로 반대되는 욕구가 각자 제 권리를 찾도록 도와준다.

| 상대방의 유별난 성격 세 가지를 허용하라 | 신경을 거스르는 것은 대개 사소한 것이다. 하지만 그런 부분에 대해 불평하지 않는다면 부부의 일상은 좀 더 평온하게 흘러갈 것이다. 그러니 관대함을 보여주어라. 사랑하는 아내가 사방에 전화기를 흘리고 다니거나 남편이 필요 없는 물건을 사는 것에 대해 불평하지 마라. 간혹 인내의 끈이 끊어질 경우 사랑스러운 불평은 괜찮다.

| 장점 목록을 작성하라 | 요즘 사람들은 자아를 잃지 않은 채로 결합하기를 원한다. 이는 서로 다른 생각을 가지고 있더라도 그때마다 더 좋은 것을 받아들임으로써 가능하다. 가령 건강식을 하는 사람이 메뉴를 정하고, 보다 까다로운 문화 취향을 가진 사람이 관련 분야에서 결정권을 가지는 것이다. 상대방의 장점에 집중하면 개성을 확장시킬 수 있다. 당신의 개성을 포기하는 게 아니다.

| 약점을 긍정적으로 생각하라 | 우리 각자는 다른 사람들이 공감하기 힘든 공포와 독특한 성격을 가지고 있다. 고소공포증 때문에 비행기 타기를 거부하는 사람이 있는가 하면, 아주 작은 소리에도 잠을 깨고 그러고 나면 몇 시간이고 다시 잠을 이루지 못하는 사람도 있다. 또 누군가는 매달 수입의 15퍼센트를 저축하지 않으면 마음이 불편하다. 좋은 매너를 가진 사람은 상대방의 그런 성격과 싸우려 하지 않는다. 대신 공동의 삶으로 끌어들인다.

상대방의 세계관을 신뢰하라

예의란 사물에 대한 자신의 견해를 결론으로 규정짓는 게 아니라, 많은 가능성 중 하나로 관찰하는 것을 의미한다. 이런 태도는 상대방의 가치관을 자신의 세계관처럼 올바르고 중요한 것으로 인정하게 해준다.

남자에게 있어 돈은 별로 중요하지 않다. 하지만 여자는 돈 모으기를 좋아한다. 두 사람의 이런 차이가 매번 논쟁을 불러일으키리라는 것을 예견할 수 있다. 하지만 그런 대화가 얼마나 기분 좋게 진행되는가는 그 부부가 각자의 세계관 차이를 어떻게 평가하느냐에 달렸다. 남자가 여자를 남의 흥을 깨는 구두쇠로 생각하고, 여자가 남자를 낭비가 심하다며 경멸한다면 이는 누가 오래 버티느냐를 겨루는 싸움이 되어버린다. 봄에 스위스에서 휴가를 보낼 수 있는가 하는 단순한 문제가, 누가 올바른 세계관을 가지고 있느냐에 관한 원칙 논쟁으로 변질되는 것이다. "스위스에서 휴가를 보내자고? 어떻게 그런 생각을 할 수 있지? 우리 은행 잔고가 어떤지 알기나 해?"

상대방이 자신만의 방식으로 판단하는 능력이 있다는 것을 믿는다면 두 사람은 훨씬 쉽게 공동노선을 펼칠 수 있다. "스위스에서 보내는 휴가는 멋질 거야. 그런데 우리가 가진 돈으로 그게 될까?" "가능할 것 같은데? 인터넷에서 정말 싼 호텔 이벤트를 발견했거든."

일상을 관리하라

부부가 공동의 생활을 잘해 나가려면 수천 가지의 자잘한 문제에서 합의점을 찾아야 한다. 얼마나 깨끗하게 정리할 것인가? 빨래는 누가 할 것인가? 매달 외식비용은 얼마나 지출할 것인가? 저녁식사는 몇 시에 할 것인가? 저녁에 식사를 함께하긴 할 것인가? 음악을 꼭 그렇게 크게 틀어야 하는가?

정리하는 문제든 식사 문제든 혹은 돈 문제든, 함께 산다는 것은 이런 문제에서 합의점을 찾고 동의를 구하는 것을 의미한다. 그러므로 사랑의 열정이 사소한 문제로 식지 않도록 노력해야 한다.

| 현실적인 해결책을 찾아라 | 정리정돈 문제로 다툴 수 있다. 이럴 때는 정리정돈을 잘 못하는 상대방을 바구니와 옷걸이가 있는 곳으로 꾀어내서 잡동사니를 원래 있어야 할 자리에 집어넣게 하라. 집안일을 분배하라. 주로 정리정돈을 좋아하는 사람이 청소를 하고, 정돈을 잘 못하는 사람이 쇼핑과 요리를 맡도록 하라. 청소 도우미를 쓸 수 있다면 문제는 더 간단해진다. 어떤 해결책을 찾아내든 해결하려는 시도만으로도 사소한 싸움을 벌이는 것보다는 낫다.

| 과제를 명확하게 분배하라 | 집안일 중 누가 무엇을 할지를 정기적으로 정하라. 두 사람이 집에 오는 길에 함께 슈퍼마켓에 들른다면 두 사람의 시간이 들고 두 사람 다 신경을 써야 한다. 그러다 자칫 재활용 물품을 내놓는 일을 둘 다 놓칠 수 있다.

| 서로의 음식 취향을 존중하라 | 우리는 '사랑은 먹는 것에서 나온다'는 속담을 들먹이며 촛불을 켜놓은 낭만적인 식사를 떠올린다. 하지만 이 속담은 급격하게 분화된 식습관 시대에 약간 다른 의미를 가진다. 사랑하는 두 사람이 무조건 같은 음식을 좋아할 수는 없으므로, 서로의 취향을 배려해 주어야 한다는 뜻이다. 파트너가 다이어트 중이거나 콜레스테롤을 주의해야 함에도 불구하고 고칼로리 음식을 만든다면 자신의 취향을 우선시하는 셈이다.

예의를 갖춘 사람은 자신의 욕구를 아무 불평 없이 뒤로 미룬다. 그리고 어떠한 경우에도 두 사람의 요구에 부합하는 해결책을 찾아낸다.

| 싸울 만한 가치가 있는지 생각해 보라 | 솔직히 말해 보자. 사방에 널려 있는 양말을 세탁통에 집어넣는 것이 정말 그렇게 힘든 일인가? 그것 때문에 논쟁을 해야 할 정도로 어려운 일인가? 그렇지 않다. 상대방에게 무엇이 거슬리고, 기분 좋게 지내려면 어느 정도의 정리정돈이 필요한지를 알려주는 것으로 충분하다. 상대방이 자기 일을 게을리했다고 해서 싸움을 정당화할 수는 없다. 그 일에 대해 흥분하며 화를 내기보다는 차라리 바닥에 널려 있는 DVD를 직접 치우는 것이 더 빠르다.

러브토크 6

상대방을 인정하라

커플연구가 고트만에 의하면 사랑을 유지시키는 것은 붉은 장미나 성적 쾌감이 아니라, 함께 아기를 목욕시킬 때 혹은 주말에 쇼핑할 때 부부가 이루어내는 아름다운 조화이다. 고트만은 이렇게 설명한다. "이상하게 들릴지 모르지만 두 사람이 함께 장을 볼 때 결속력이 강화된다. 여자가 이렇게 묻는다. '집에 세제가 남아 있나?' 그러면 남자는 관심 없다는 듯 어깨를 으쓱하는 대신 이렇게 말한다. '모르겠어. 예비용으로 한 팩 사가지 뭐.'"

유감스럽게도 관계에서의 이런 일상적인 애정 표현은 예의 바른 사람에게서도 빨리 사라져버린다. 미국의 학자 버츨러G. R. Birchler와 바이스R. L. Weiss의 연구결과는 이렇다. 우리 대부분은 사람들이 있는 데서만 좋은 매너를 발휘한다. 하지만 이런 매너는 결혼하면 제일 먼저 사라진다. 방금 결혼한 사람조차 자신의 배우자보다는 낯선 사람들을 더 배려한다.

친밀함이 생기지만 예절은 사라진다. 사랑이 관계로 발전할 경우 우리는 이러한 사실을 예상해야 한다. 그 이유를 사회학자 로우랜드 S. 밀러Rowland S. Miller는 이렇게 기록하고 있다. "환상은 사라지고 신선함의 가치는 줄어든다. 그리고 서로에게 노력을 덜 하게 된다. 대신 상대방의 아킬레스건을 더 잘 알게 되고, 어느 누구보다 예리한 상처를 줄 수 있다. 다행히도 좋은 매너가 사라지는 것은 자연법칙이 아니다. 의도적인 배려만으로도 사랑의 몰락을 막을 수 있다."

서로 의논하라

처음에는 사려 깊고 정중하게 대한다. 남자는 여자가 어떤 브랜드를 좋아하는지 눈치 챘고, 여자는 경영진 앞에서 프레젠테이션을 잘했는지 남자에게 물었다. 그러나 이제 남자는 음식점에서 여자에게 의자를 빼주지 않을 것이고, 여자는 남자가 좋아하는 브랜드의 옷을 선물하지 않을 것이다. 두 사람이 함께 살기 시작하면서 애정 어린 제스처가 소리 없이 사라진다.

책상 위에 전문서적이 쌓이고 정원 가구에 녹이 슨다면, 흥미로운 대화를 위해 머리를 짜내거나 즉흥적인 섹스를 할 여유가 사라진다. 전에는 배려와 환상을 필요로 했던 것이 이제는 습관이 되어버린다. 함께 살면서 배우자는 삶의 당연한 부속품이 된다. 물론 우리는 그것을 잃고 싶지는 않다. 그러나 그것을 위해 더 이상 큰 노력을 기울이지 않는다.

대화도 이와 비슷하게 이루어진다. "오늘 민소매 옷을 입을 정도로 날씨가 더울까?" 여자가 아침식사를 하면서 말한다. "아직 밖에 안 나가봤는데." 남자는 신문 경제면에 눈을 고정시킨 채 말한다. 남자가 사무실에서처럼 예의 바르게 행동한다면 다르게 반응했을 것이다. "민소매 옷을 입기에는 약간 이르지 않을까? 그 위에 재킷을 걸치는 게 좋을 것 같은데."

아마도 당신은 이런 대화를 진부하게 느낄 수도 있다. 그러나 관계의 질에 있어 상대방의 대화 시도를 그냥 흘려버리는 것과 그 실마리를 잡아서 계속 발전시켜 나가는 것에는 엄청난 차이가 있다. 건전한 관계라면 가끔 일어나는 무관심은 큰 문제가 되지 않는다. 그러나 둘 중 누구라도 그런 반응을 자주 보인다면, 상대방에게 자신이 더 이상 중요하지 않다는 감정이 점점 커지게 된다. 상호 간의 관심, 즉 사소한 일에도 관심을 보이는 것이 관계의 끈을 유지하는 보다 안전한 길이다.

TIPS

배려는 사랑의 비결이다. 버지니아 대학교의 사회학자 브래드포드 윌콕스 W. Bradford Wilcox와 스티븐 노크 Steven L. Nock는 높은 수입이나 요리, 청소, 빨래 등 살림의 공정한 분배보다 파트너의 감정적 참여가 여자를 행복하게 한다는 사실을 밝혀냈다. 여자들은 남편이 현재의 관계를 진지하게 여긴다는 신호로 이해와 배려, 시간을 투자하는 것을 높이 평가한다. 이는 5천 쌍이 넘는 커플을 조사한 결과이다.

서로의 가치를 인정하라

장기간 지속되는 관계는 경제공동체이기도 하다. 부부 각자는 공동의 생활을 위해 자신의 몫을 감당한다. 그래서 우리는 서로에 대해 인정하고 있다는 것을 표현하는 경우가 드물다. 물론 지저분한 지하실을 정리한다거나 몇 시간에 걸쳐 끙끙거리며 무선 랜을 설치한다면 인정해 줄 만한 가치가 있는 일이라고 생각한다. 그러나 공동의 삶을 위한 작은 도움이나 구속은 거의 인지하지 못한다.

당신 남편이 속력 내는 것을 좋아함에도 불구하고 당신과 함께 차를 타고 갈 때면 속도를 줄이는 것을 눈치 채고 고마워한 적이 있는가? 당신 아내가 당신을 대신하여 대학시절 친구는 물론 먼 친척들과의 관계를 계속 유지하고 있다는 것에 고마움을 표시한 적이 있는가?

공동의 삶과 결혼생활의 평화를 위한 노력을 더 자주 더 강하게 인정해 주는 것이 서로를 다시 주목하고 확인할 수 있는 첫 번째 방법이다.

> **여성을 위한 TIPS**
>
> **남자들은 인정받는 것을 좋아한다.** 더불어 자신을 인정해 주는 여자를 좋아한다. 직장에서처럼 많은 남자들은 집에서도 지위나 감탄, 우월함과 같은 외적인 매력을 통해 자극을 받는다. 그에게 찬사를 아끼지 마라. 여자는 성공적인 요리로 기쁨을 느낀다면, 남자는 자신이 만든 요리가 친구의 요리보다 뛰어나다는 것을 확인하게 될 때 비로소 완벽하다고 느끼기 때문이다.

상대방의 말에 귀 기울여라

부부의 행복을 고양시키는 방법은 서로의 말을 귀 기울여 듣는 것이다. 이해심을 가지고 선입견 없이, 너무 빨리 충고하지 않으면서. 상대방의 생각을 함께하겠다는 확고한 의지가 있다면 귀 기울여 듣는 것은 서로에 대한 연대감을 강화시킨다. 그리고 두 사람은 함께 있으면 덜 외롭다는 사실을 느낀다.

우리가 상대방의 세계관을 자신의 세계관만큼만 인정한다면 다음과 같은 일은 일어나지 않는다. 남편이 차를 너무 빨리 달려서 감시카메라에 찍히자, 아내가 "당신이 운전하는 게 그렇지 뭐."라고 반격을 가한다. 아내가 똑같은 직장 이야기를 몇 번이나 반복하면 남편은 더 이상 그 말을 듣지 않는다. 배려와 걱정은 어디다 내버린 채 식탁에서 일어나며 퉁명스럽게 말한다. "또 그 이야기야?"

비판을 하거나 위로를 할 수도 있지만 이는 부부를 갈라놓는다. 그러나 상대방의 편에서 동조한다면, 두 사람은 동맹군이 되고 서로에게 피난처가 된다.

| 100퍼센트 집중하라 | 상대방이 토성 고리의 발생에 관해 열변을 토하든, 기술개발 때문에 동료와 격렬한 논쟁을 벌였다고 얘기하든 귀 기울여 들어라. 신문을 옆으로 치우고 텔레비전 소리를 낮추어라(텔레비전은 아예 끄는 게 좋다). 그리고 물어보라. "그 고리가 대체 어디에서 나오는데?" "그래서 당신은 어떻게 했는데?" 이때 말을 자르거나 급하게 고개를 끄덕이거나 질문을 여러 번 반복하지 마라. "방금 뭐라고 말했어?" "미안, 다른 생각을 하느라 못 들었어."라고 말하면 당신이 귀 기울이지 않고 있었다는 것이 드러난다.

| 충고를 자제하라 | 상대방이 당신에게 강력하게 조언을 구하지 않는다면 그저 그 문제에 대해 털어놓고 싶은 것뿐이다. 사려 깊게 이야기를 듣고 확인하고("그러니까 당신 생각은 이런 거야?" "그래 이해할 수 있어." "맞아.") 시선을 해결책으로 돌리고("어떻게

하려고 해?" "어떻게 할지 생각해 봤어?") 조심스럽게 도움을 제시하라("내가 어떻게 도와주면 될까?" "이러면 어떨까?").

| 걱정과 두려움을 진지하게 받아들여라 | "그게 그렇게 나쁘지 않다는 걸 곧 알게 될 거야." "당신은 해낼 거야." "1년 뒤면 완전히 잊어버릴 거야." 이런 말을 해주며 달래는 것이 용기를 준다고 여겨질 수도 있다. 그러나 이는 상대방의 말을 중요하게 여기지 않는 것처럼 들린다. 차라리 실제로 도움이 되거나 한순간이라도 두려움에서 벗어나게 해줄 수 있는 무언가를 해주는 게 좋다. 사랑니 뽑는 것을 두려워하는 아내를 안아주거나, 남편에게 다음날 있을 프레젠테이션을 함께 검토해 보자고 제안하라.

| 서로를 격려하라 | 상대방의 과격한 운전방식 때문에 오래전부터 화가 났을지라도 언젠가 받은 교통벌점을 들춰내며 비판하지 마라. "당신이 제한속도를 지켰다면 아무 일도 없었을 텐데." "거기서 사고가 아주 많이 난대. 거기 과속 카메라를 설치한 건 잘한 일이야." 대신 이렇게 말하라. "운이 나빴어!" "그런 일은 누구에게나 일어날 수 있어." 이해심이 많은 것처럼 보이기 위해 상대방의 입장을 공유할 필요는 없다. 그저 그의 기분을 함께 느껴주기만 하면 된다.

TIPS

편을 들어라. 파트너가 자신의 생각이나 말, 행동이 절대적으로 옳다고 여기지 않는다면, 당신의 입장을 알리고 회의를 표명하는 것이 별 문제가 되지 않는다. 그러나 파트너가 어려움을 당하거나 실수를 하거나 운이 나빠서 그 문제에 대해 토로할 경우에는 그렇게 해선 안 된다. 이때 파트너는 당신이 자신의 편을 들어주리라 기대할 것이다. 당신이 다르게 판단하고 행동한다 할지라도.

관계가 진행 중인 경우에는 자아를 약간 죽이는 것이 도움이 된다. 파트너가 당신이 자기편이라는 것을 믿게 되면, 언젠가부터 그는 당신 입장에서 생각하게 될 것이다. "내가 그럴 만한 짓을 했지. 당신이 여러 번 말했는데 말이야."

러브토크 7

서로의 마음에 들도록 노력하라

통계청의 분기별 인구조사에 따르면 결혼한 사람이 싱글보다 체중이 더 많이 나간다고 한다. 결혼은 비만에 있어 가장 주된 위험 요소이다. 특히 여자들에게 그렇다. 생활양식의 변화 때문인데, 부부가 함께하면 더 많이 더 규칙적으로 식사하게 되고, 극장에 가기보다는 집에서 편하게 DVD로 최신 영화를 보거나 친구들을 집으로 초대한다.

함께 사는 것은 체중 증가에만 영향을 미치는 건 아니다. 부부는 데이트 중인 싱글보다 더 제멋대로 행동한다. 심리적으로는 물론 육체적으로도. 로버트 우드 존슨 메디칼 스쿨의 심리학 교수인 샌드라 라이블럼Sandra Leiblum은 이렇게 말한다. "사람들이 서로 구애 중일 때는 상대방의 마음에 들도록 애쓴다. 하지만 구애의 단계가 지나면 다른 중요한 문제가 드러난다. 직업, 살림, 자녀, 다른 가족들……. 부부는 스트레스를 받고 시간이 없으며 서로의 시야에서 벗어난다." 가깝고 친밀하다는 것은 일상적이며 아름답다는 의미이다. 하지만 수년이 지난 후 서로가 마음에서 멀어진다면 사랑이 사라져버릴 수도 있다.

아름답게 꾸며라

아내는 친구들이 식사를 하러 올 때면 삼십 분 넘게 거울 앞에 앉아서 치장을 하느라 음식이 타는지도 모른다. 남편은 상사 앞에서 보고를 할 때면 새로 산 양복을 입고 넥타이를 단정하게 매고 와이셔츠 단추는 맨 위까지 채운다.

하지만 이런 두 사람이 집에 있을 때는 누군지 알아보기 힘들 정도다. 편안한 바지에 구멍 난 스웨터, 사흘 동안 깎지 않은 턱수염과 헝클어진 머리, 우리는 이런 부스스한 모습을 배우자 외에 어느 누구에게도 보이지 않는다. 어느 정도는 괜찮다. 여자가 집에서 맨 얼굴로 무릎 나온 트레이닝복을 입고 돌아다닌다면 편해 보일 것이다. 그리고 사랑하는 남자가 평생을 숲속에서 보낸 사람같이 보여도 나름 매력이 있다.

하지만 이런 모습은 정말 추하다. 전날 했던 요리의 흔적이 그

대로 남아 있는 셔츠, 겨드랑이 털, 치아 사이에 낀 음식 찌꺼기, 낡아빠진 실내화, 손톱 아래에 낀 때……. 이런 모습은 아무리 열정적이고 뜨거운 사랑을 하고 있다 하더라도 견딜 수 없다. 반대로 상대방이 멋져 보이면 행복을 더욱 확고하게 한다. 무엇보다 육체적 매력은 보기 좋고 거기서 또 다른 긍정적인 성격을 확인할 수 있기 때문이다. 아름다운 외모에 단정한 복장을 갖춘 사람은 호감을 주며, 경쟁력이 있고 성공한 것으로 간주된다.

그러므로 현재진행 중인 관계에서 위생과 스타일은 절대로 개인적인 취향의 문제가 아니다. 매너의 당연한 제스처이다. 프라이 헤어 크니게는 "외면적으로도 혐오감을 줄 수 있는 모든 것을 피해야 한다."고 말한 바 있다. "집에서 너무 예의 없는 태도를 보여서는 안 된다. 이는 당연한 것이다. 특히 시골에서 생활할 경우 저속한 표현을 쓰거나 지저분한 모습을 보여서는 안 된다."

그렇다고 집안에서 편안하게 쉬지 말라는 것은 아니다. 다만 식사 후에 양치하기, 규칙적으로 샤워하기, 방금 감은 머리, 깨끗한 손톱 등은 필수라는 것이다.

TIPS

남자도 아름다워야 한다. 남자 역시 여자의 마음에 들기 위해서는 아름답게 보여야 한다. 스코틀랜드의 세인트 앤드류 대학에서 이루어진 한 연구에서 다음과 같은 사실을 밝혀냈다. "돈을 잘 버는 성공한 여자들은, 남자들을 내적인 가치 외에 외적인 규범으로도 평가한다."

사적인 영역을 존중하라

니콜 키드만은 영화 〈아이즈 와이드 셧〉에서 남편이 욕실에 있는 동안 볼 일을 봐도 품위 있어 보일 수 있음을 그럴듯하게 보여준다. 하지만 은밀한 용무는 문을 닫고 하는 것이 더 좋다. 부부가 얼마나 친밀한가와는 상관없이.

은밀한 용무를 남몰래 해소하고자 하는 욕구는 솔직함과는 아무런 관련이 없으며, 오히려 미관상의 문제라 할 수 있다. 방귀와 트림은 전혀 매력적이지 않다. 예민한 사람만이 옆에서 발톱을 자르거나 코털을 제거하는 모습 혹은 비키니 존의 털을 보고 소름 끼쳐하는 건 아니다. 병이 들었거나 도움이 필요한 경우가 아니라면, 약간의 환상을 유지하며 상대방에게 지저분한 모습을 보여주지 않는 것이 현명하다.

또한 사적인 영역에 대한 권리는 위생에만 국한된 것이 아니다. 문자 메시지를 보내고 있을 때 상대방 어깨너머로 쳐다보거나, 양해를 구하지 않고 다른 사람의 책상을 뒤져선 안 된다.

TIPS

생각은 자유롭다. 대부분의 사람들은 하고 싶은 말이 있으면 표현한다. 그러므로 많은 질문을 해서는 안 된다. "지금 뭘 생각하고 있어?" "나를 아직도 사랑해?" "나 어때?" 이런 질문은 부부 간 예의의 가장 단순한 규칙에 위배된다. 왜냐하면 진정으로 원하는 것을 말할 수 없을 때 상대방은 자신이 강요당한다고 생각하기 때문이다. 당신이 듣고 싶어 하는 것을 고백하도록 말이다. 상대방으로 하여금 사랑을 고백하거나 생각을 말하거나 당신의 성 테크닉을 칭찬하도록 강요하지 마라.

사랑의 감정을 유지하라

당신이 재미있고 안정적이며 보수가 높은 직장을 발견했다고 상상해 보라. 수습기간이 지난 후에도 규정대로만 일할 것인가? 출근시간 직전에 뛰어들어가 칼같이 퇴근하고, 동료들에게 기분 내키는 대로 인사할 것인가? 절대 그렇지 않을 것이다. 사장이 혼자 떠드는 동안 무관심한 듯 자료를 뒤적이지도 않을 것이고, 중요한 고객이 당신 전화를 기다린다는 사실을 잊지도 않을 것이다. 당신은 직장을 유지하고 승진하기 위해 애쓸 것이다. 누구도 당신에게 직장을 위해 투자를 해야 한다고 말하지 않는데도 말이다.

유감스럽게도 사회생활에서 갖추는 전문적인 자의식이 사랑에서는 사라져버리는 경우가 많다. 물론 우리는 사랑하는 남자나 여자를 얻기 위해 어떤 노력도 마다하지 않는다. 그러나 문제는 이런 목표에 도달하자마자 마치 사랑이 자동으로 진행되는 것처럼 행동한다는 것이다.

삶을 더 아름답게 만들기를 원하지만 아무 노력도 하지 않는다. 특히 남자들은 오늘날에도 여전히 "이런 전투지역에서 휴전을 원한다"고 사회심리학자인 하이너 코이프Heiner Keupp는 말한다. 사랑을 물이 저절로 솟아나오는 오아시스로 간주한다면 결국 그 오아시스는 말라버릴 수밖에 없다.

결혼 치료전문가 미쉘 와이너 데이비스Michele Weiner-Davis는 관계에 도움이 되는 대안을 이렇게 정리한다. "낯선 사람처럼 살아라. 배우자를 방금 사귄 사람처럼 정중하고 친절하게 대하라." 부부는 다음과 같은 기본사항을 서로에게 요구할 권리가 있다.

| 식탁 매너 | 식탁에서의 예의 바른 태도를 과도한 사치로 여긴다면, 아름다운 식사를 망칠 수 있다. 가정의 식탁에서 무례하게 보일 수 있는 행동을 간단하게 살펴보자. 식탁에 모두 앉기도 전에 식사를 시작하거나 자기가 상석에 앉은 사람처럼 행동하는 것, 입을 벌린 채 음식을 씹거나 식탁에서 신문을 읽는 것, 자녀가 남긴 음식을 게걸스럽게 먹거나 식사하는 동안 다른 일을 하려고 일어나는 것, 또 물어보지도 않고 상대방의 음식을 채가는 행동은 무례해 보일 수 있다.

집안에서 완벽한 식탁 예절을 지킬 수는 없겠지만 최소한의 수준은 유지해야 한다. 상대방의 식욕을 떨어뜨리거나 상대방이 곤혹스럽게 여길 수 있는 모든 것을 피하라. 수치심과 혐오감은 사랑을 시험에 빠지게 한다. 상대방의 식사 태도가 거슬린다면 넌지시 알려주어야 할 것이다.

| 정돈과 위생 | 세면대의 머리카락, 사방에 널려 있는 속옷, 마늘 냄새 나는 입 등 정돈과 위생 문제에 있어 거슬리는 부분이 있다면 언제든 말할 수 있다. 여기에도 식탁 매너와 동일한 규칙이 적용된다. 상대방이 당신의 어떤 모습이나 행동에 거부감을 느낀다면 어찌되었든 당신은 삼가야 한다.

| 비밀 엄수 | 부부관계에는 신뢰가 바탕에 깔려 있다. 그러므로 부부는 집안에서 일어난 사사로운 일이 절대 밖으로 새어나가지 않는다는 것을 100퍼센트 믿을 수 있어야 한다. 부인의 가장 친한 친구가 남편이 매번 승진하지 못한다는 소식을 들어선 안 되고, 남편은 손님들 앞에서 부인이 요리책 없이는 음식을 만들지 못한다는 것에 대해 불평해선 안 된다. 배우자의 비밀이나 배우자를 부끄럽게 할 수 있는 모든 것은 제3자에게는 아무 상관없는 일이다. 가장 친한 친구나 가족에게조차도. 부부가 어떤 얘기를 나눌 때 상대방이 그 사실을 다른 누군가에게 발설하지 않으리라는 것을 신뢰할 수 있어야 한다. 다른 사람에게 절대 말하지 말라는 부탁을 하지 않더라도 말이다.

| 정당한 일의 분배 | 직장일과 자녀 양육 그리고 집안일을 공정하게 분배하는 것은 여성해방의 문제가 아니라 단순한 산수 문제이다. 서로 존중하는 커플은 동일한 작업시간을 가진다. 여기에는

직장일은 물론 집안일도 포함된다. 파트너가 어떤 일을 좋아하느냐에 따라, 누가 무엇을 얼마만큼 하느냐가 결정된다. 통계청의 시간 분배는 다음과 같다. 자녀가 있든 없든 부부가 맞벌이를 할 경우 두 사람은 동일한 작업시간을 가진다. 둘 중 한 사람만 회사를 다니고 자녀가 있는 경우에는, 직업이 없는 사람이 집안일을 좀 더 한다 해도 직업이 있는 사람보다 평균적으로 한 시간 적게 일한다.

| 정중한 행동방식 | 부부가 모든 문제에 있어 서로 편안하고 사랑스럽게 지내는 방법을 기술하려면 한 챕터로도 부족할 것이다. 부부는 낯선 사람이나 친구들을 대할 때처럼 서로에게 예절을 지켜줄 것을 요구할 수 있다.

| 불화요인 | 1인당 평균 거주면적이 지난 40년간 22제곱미터에서 43제곱미터로 거의 두 배 가까이 늘었지만 다음과 같은 사실에는 변함이 없다. 한정된 공간에서 다른 누군가와 함께 사는 건 힘든 일이다. 그러므로 아주 사소한 부분에서도 많은 배려를 해야 한다.

- 시간을 지켜라. (낯선 사람에게 하는 것처럼!)
- 어디에 있는지, 어떻게 연락을 취할 수 있는지, 언제 집에 오는지 알려라.

- 상대방의 예민함에 따라 각종 소리의 정도를 정하라. 오디오 소리나 텔레비전 소리만 해당되는 것이 아니다. 방문 닫는 소리, 접시 부딪치는 소리, 신문을 넘기는 소리, 코고는 소리 등 모든 종류의 생활소음이 해당된다.
- 바쁜 시간에 욕실을 독차지하지 마라. 그렇지 않은 경우에도 욕실을 언제 사용할지 미리 알려라.
- 손님을 데려온다는 사실을 상대방에게 미리 알리고 동의를 구하라.

러브토크 8

서로를 지지하라

"와우!" 여자가 거울 앞에서 머리를 만지고 있을 때 남자가 말했다. 하지만 여자는 자신의 모습이 만족스럽지 않다. 최근 스트레스를 많이 받은 것이 얼굴에 그대로 드러난다고 생각하기 때문이다. 허리선이 드러난 옷이 정말 옳은 선택일까? 실크블라우스 대신 셔츠를 입는 게 낫지 않을까? 남자가 말을 이었다. "당신 정말 아름다워." "그렇게 생각해?" "물론이지. 상당히 매력적이야." 그 커플은 뿌듯해 하며 행복하게 손을 잡고 나간다.

칭찬은 강력한 사랑의 묘약이다. 미국의 심리학자 샌드라 머레이 연구팀은 이런 결론에 도달했다. "서로를 높이 평가하는 관계가 가장 오래 지속된다." 이상적인 경우는 스스로 자신을 평가할 때보다 상대방이 자신을 더 긍정적으로 보아줄 때이다.

긍정적인 것에 집중하라

콩깍지가 벗겨지고 냉정한 시선을 되찾기까지 대략 2년이 소요된다. 얼마 전까지 완벽하다고 생각했던 사람이 갑자기 비판적으로 보이기 시작한다. 저 사람이 넥타이를 항상 저렇게 짧게 맸나? 어떻게 저 사람은 일요일 오전에 전화하는 게 무리라는 걸 자기 부모님에게 말하지 않는 거지? 도대체 저 황당한 친구가 뭐가 좋아서 계속 만나는 거지?

이 당연한 현상에는 생리학적 원인이 있다. 사랑에 빠진 상태에서 나오는 다량의 호르몬이 줄어들면 몸의 세로토닌 함유율이 정상 수준으로 돌아온다. 더 이상 화학은 사랑의 행복을 만들지 않는다. 이제는 스스로가 낭만적인 마력을 유지시켜야만 한다.

이때 예의 바른 행동은 분명 도움을 준다. 아름다운 것만 언급하고 아름답지 못한 것은 그냥 넘기는 연습을 해야 한다. 이는 사랑하는 데도 도움이 된다. 예의 바른 언행은 부부가 함께하는 삶에 아주 부담스러운 요구이긴 하지만 그래도 즐거움을 동반한다. 상대방에게 없는 것을 불평하는 대신 상대방의 장점을 깨닫게 되기 때문이다.

이런 방식으로 서로에 대한 자부심을 키워 나간다고 해서 맹목적인 것은 아니다. 도스토예프스키는 "한 인간을 사랑한다는 것은 신이 바라보듯 그렇게 그를 보는 것이다."라고 말했다. 그러니 다음과 같이 표현하라.

- 큰애가 육 개월 동안 낙제 성적을 두 번이나 받았다고 말했을 때 아내가 노발대발 화를 내지 않는 것이 얼마나 인상적이었는지를.
- 남편이 당뇨병 진단을 받아서 파스타와 치바타(역자 주: 납작한 이탈리아 빵)를 포기해야 함에도 불구하고 삶의 기쁨을 놓치지 않은 것을 무척 대단하게 여기고 있음을.
- 탱고에 전혀 관심이 없던 당신을 탱고 스쿨을 함께 다니자고 설득하여 당신 삶을 얼마나 풍요롭게 해주었는지를.
- 남편의 독창성에 얼마나 경탄하는지를.

배우자를 아무리 칭찬해도 부족하다. 그런데 이때 역시 한 가지 주의해야 할 점이 있다. 적당한 선을 지키는 것이다. 너무 과장되거나 진부하다면("아무도 당신처럼 요리를 잘할 수 없을 거야.") 상대방은 오히려 오해를 받는다고 느낀다. 그러므로 구체적으로 예를 들어 칭찬하라. "당신이 그걸 해내다니 정말 멋져. 누구도 당신처럼 접시로 이렇게 식탁을 아름답게 꾸미지 못할 거야."

상대방을 칭찬하라. 그러면 상대방은 스스로를 더욱 매력적이고 사랑스럽다고 여긴다. 칭찬을 받은 사람은 이에 걸맞게 믿음직스럽고 기분 좋게 행동한다. 남자의 칭찬을 듣고 기분 좋아진 여자가 다크 서클과 스트레스를 잊고 전시회 개막전에 아주 상쾌하게 달려가듯이.

여성을 위한 TIPS

칭찬에 웃으면서 답하라. 남자들이 칭찬을 끄집어내려고 애쓰는 반면("나 어땠어?") 여자들은 칭찬을 솔직하게 받아들이는 것을 어려워한다. 기분 솔게 "고마워, 나도 그렇게 생각해."라고 말하는 대신 거부하듯이 "그래, 당신은 그렇게 생각해?" 아니면 "아, 그거 별거 아니야."라고 말한다.

칭찬을 받으면 당신이 마땅히 받아야 할 것으로 여기고 아무렇지도 않은 듯 다정하게 말하라. "당신 마음에 든다니 나도 기뻐." "당신은 정말 안목이 있어." "당신이 그렇게 말해 주니 고마워."

부정적인 성격을 보지 마라

긍정적인 부분을 자주 언급하는 것은 비교적 쉽다. 그저 우리의 생각과 감정을 말로 표현하기만 하면 되기 때문이다. 하지만 부정적인 것을 모른 척 하는 것은 자제심을 필요로 한다. 부정적인 감정이 긍정적인 감정보다 훨씬 더 빠르고 집중적으로 끓어오르기 때문이다. 이는 위험을 제때 인식하고 막을 수 있는 능력을 주지만, 식탁 위에 쌓여 있는 신문에 대한 분노가 남편이 정성껏 구운 쿠키에 대한 기쁨으로 상쇄되지 않는다면 부부의 일상은 힘들어진다.

상대방의 약점을 전혀 혹은 가능한 적게 언급하려면 의도적인 노력이 필요하다.

첫째, 작은 신경질은 웃으면서 넘겨라. 아무리 사랑스러운 사람이라도 때에 따라 약점을 보인다. 분위기를 못 맞추거나 중요한 일을 잊기도 하고, 신경질을 내거나 짜증을 부리기도 한다. 어쩌다 한 번 실수한 거라면 대단한 일인 양 과장하지 마라. 무시하고 일상으로 넘어가라. 생각을 다른 데로 돌리면 쉽게 잊을 수 있을 것이다.

둘째, 어떤 행동이 실수인지 잘한 일인지는 어떻게 해석하느냐에 따라 다른 경우도 있다. 아내가 주변 사람들 중 누구보다 인테리어에 많은 돈을 쓴다. 그것이 낭비인가, 아니면 함께 사는 집을 중요하다고 생각하는 증거인가? 아내를 사랑하는 남편은 두 번째 해석을 선택한다. 적어도 아내를 무시하지는 않는다. 그 뒤에 약간의 미화가 있을 수는 있지만, 우리는 사랑하기 때문에 상대방이 나를 받아주고, 이 세상 어떤 사람보다 더 많이 믿고 인정해 주기를 바란다.

추억을 가꾸어가라

아이는 아토피 증상을 보이고, 돈 나갈 곳은 많고, 새로운 동료는 교묘한 라이벌로 드러나고, 기분은 오락가락한다. 모든 관계에는 아주 우울하게 느껴지는 시기가 있다. 하지만 바로 그때가 함께 이루고 체험하고 성공했던 모든 것을 다시 한번 떠올리기 좋은 시간이다. 예를 들어 가장 가까운 동료조차 눈치 채지 못할 정도로 사내 연애를 은밀하게 숨겼던 일이나 결혼식 날 아침에는 장대비가 쏟아졌는데 결혼식장에서 나오자 하늘이 맑게 갠 일처럼 말이다.

오래된 이야기를 끌어모으고 옛날 사진을 들여다보고 한창 서로에게 빠져 있던 시기에 들던 음악을 다시 듣는 것은 즐거움 이상의 의미를 지닌다. 함께한 추억은 이런 감정이 들게 한다. '우리는 강력한 팀이야. 우리 관계는 그럴 만한 가치가 있어.' 점점 더 힘들고 중대한 문제에 직면하게 된다 할지라도 말이다. 커플연구가 고트만은 아름다운 기억의 가치를 설득력 있는 숫자로 증명했다. "함께한 과거를 긍정적으로 보는 커플의 94퍼센트가 오래도록 함께 산다."

러브 토크 Q&A

Q 남편은 계속해서 새로운 애칭을 만들어내요. 원래 전 그걸 좋아했어요. 그런데 남편이 다른 사람들 앞에서 저를 '참새'나 '공주'라고 부르는 건 정말 곤혹스러워요. 다른 사람이 있을 때는 이름을 불러달라는 게 무례한 요구인가요? 게다가 남편이 다음번에는 어떤 애칭으로 부를지 전혀 감을 잡을 수가 없어요.

A 애칭은 친밀함의 표현이고 사적인 영역에 속합니다. 다른 사람들이 있을 때는 '여보'나 '자기'와 같이 일반적으로 많이 쓰는 애칭이 적당합니다. 과한 애칭은 남편의 인격과 부부 관계에 대한 여러 가지 추측을 불러일으키죠. 당신이 사람들 앞에서 남편을 '토끼'나 '타잔'이라고 부른다면 아마 남편도 좋아하지 않을 거예요.

러브토크 9

공동 세계를 구축하라

얼마 전에 한 잡지에 실린 하이디 클룸과 그녀의 남편에 관한 기사에서 아름다운 문구를 발견했다. "사랑이란 이 세상을 자기들만의 방식으로 만들어나가는 것을 의미해요." 나의 방식도 너의 방식도 아닌, 우리의 방식으로. 사랑은 현재의 파트너와 함께 단 하나밖에 없는 특별한 방식으로 삶을 구축하는 것(그리고 좋아하는 것)을 의미한다.

공동의 삶을 만들어라

파트너뿐만 아니라 함께 이끌어가는 삶 역시 사랑한다면 사랑은 더욱 견고해진다. 이는 많은 사소한 결정을 하면서 두 사람이 함께하는 특별한 세계를 만들어간다는 것을 전제로 한다. "집에서는 담배를 피우지 않는다." "우리 자녀가 두 가지 언어를 구사하며 성장할 수 있다는 것을 행운이라고 생각한다."

배우자가 생기면 혼자 있을 시간이 별로 없다. 또 그만큼 덜 자유롭다. 게임기를 사기 위해 돈을 쓸지, 주말 내내 침대에서 뒹굴 건지, 건강검진을 생략할지는 배우자가 있는 상태에서는 개인적으로 결정할 수 없다. 우리가 무언가를 하거나 포기하는 것들 중에 많은 부분이 배우자와 관련이 있기 때문이다.

그래서 부부는 생각과 선호하는 것, 습관, 가치를 비슷하게 공유할 때 함께 살아가기가 쉽다. 아침형 인간인 여자와 올빼미형인 남자, 돈을 헤프게 쓰는 여자와 경제적인 안정을 원하는 남자, 집에 틀어박혀 있고 싶은 여자의 바람과 무시할 수 없는 남자의 가족모임이 균형을 찾을 수 있는 방법을 발전시켜야 하는 과제를 가지고 있는 것이다.

공동의 사랑 세계를 구축하는 것은 이해와 대화는 물론, 포기하지 않고 서로에게 적응하는 기술을 필요로 한다. 그리고 궁극적으로는 사랑을 인생의 과제로 만드는 것을 의미한다. 그렇다고 배우자가 없다면 할 수 있는 일을 상상하거나 상대방에게 불평을 늘어놓는 것은 옹졸한 행동이다.

자아를 넘어서라

21세기에 우리는 자신의 관심과 욕구를 그 어느 때보다 의식하면서 살아가고 있다. 사랑 때문에 자아를 억제해야 한다면 사랑 이외의 다른 모든 것이 매력적으로 보일 것이다. 하지만 '나 + 나 = 우리'라는 공식은 두 자아가 서로를 구별할 수 없을 때까지 해체되는 것을 의미하지 않는다. 그것은 오히려 부부가 자신의 에고를 유지하면서 서로 맞추어가고, 이를 통해 자신을 넘어서 성장하는 것을 의미한다. 이상적인 경우라면 우리라는 지붕 아래 두 자아는 자기 자리를 찾을 것이다. 관계가 오래 지속될수록 공통의 것이 더 넓게 자리 잡고, 두 개의 자아 공동체로 더 잘 융합된다.

사회학자 크리스티안 슐트Christian Schuldt는 이때 무엇이 중요한지를 규정하고 있다. "물론 강한 에고 의식 및 다른 에고가 다름을 존중하는 것 역시 중요한 문제이다." 예의 바른 행동은 이런 일이 세상에서 가장 자연스러운 일인 양 이겨낼 수 있게 해준다. 부부에게는 나의 관심과 우리의 필연성이 서로 교차하기도 한다. 하지만 그들은 각자의 생각을 고집스럽게 관철시키려 할 때마다 관계에 금이 간다는 것을 안다. 그러므로 그들은 자아의 관점에서뿐만 아니라 우리의 관점에서 이해관계의 갈등을 관찰하는 것이 당연하다고 생각한다.

한 가지 예가 그 차이를 명확하게 보여준다. "DVD를 몇 장 살지는 내가 정해." 이 문장은 순수한 '자아'의 관점이다. 그렇게 생각하고 말하는 사람은 추측컨대 자신의 의지를 실현할 것이다. 그러나 이는 관계를 약하게 만든다. 대신 이 상황을 '우리'의 관점에서 본다면 이렇게 반응할 것이다. "이번 달은 난방비가 많이 나왔으니까 비싼 DVD는 포기할게." 물론 여자가 자신이 원하는 것을 하나 포기하고, 사랑하는 사람이 원하는 DVD를 주문함으로써 나와 우리의 균형을 맞추는 것도 가능하다. 상황에 따른 상호작용에 의미가 있다. 두 사람은 자신들의 행위를 통해 상대방의 세계관을 이해하고 지지한다는 것을 알리기 때문이다.

TIPS

남자들이 적응할 준비가 더 잘되어 있는 것으로 밝혀졌다. 결혼 에이전시 Elitepartner.de의 연구에 의하면 남자가 여자에 비해 관계를 위해 자신의 자아를 억제할 준비가 더 잘되어 있다고 한다. 가장 눈에 띄는 차이는 절반에 가까운 남자들이 식습관과 술 마시는 습관을 바꿀 생각이 있다고 했지만, 여자들은 사분의 일만이 그렇다고 답했다고 한다.

연대감을 보여라

커플상담원들은 '개성을 포기하지 말라'고 권한다. '당신의 친구, 관심과 취미를 꽉 붙들고 있어라. 경우에 따라 싱글인 것처럼 행동하라.' 이 제안은 시대에 맞는 것처럼 들리며 틀린 말도 아니다. 그러나 이런 조언은 실제로 별 도움이 되지 않는다. 우리는 오래전부터 자신의 관심사를 추구해 왔다. 이는 우리의 인격을 개발하고 우리 자신의 요구를 관철시켰다. 또한 파트너를 얼마나 사랑하는가 하는 문제와는 무관하게 절대로 다른 사람의 부속품이 될 수 없다는, 자아실현에 관한 우리의 생각과 일치한다. 하지만 우리는 자신을 희생하고 관계 맺기를 기대한다. 너는 너의 자아를 희생하고, 나는 나의 자아를 희생하면서.

이 모든 것이 관계를 긴장감 있고 도전적인 것으로 만든다. 그러나 이 역시 노력이 필요하며 공통점보다는 차이점을 존중해야 한다. 각자 독립된 자아를 갖고 있더라도 때로는 균형감을 유지하기 위해 서로에게 속한다는 명확한 상징이 필요한 것이다. 다음은 연대감을 나타내주는 방법이다.

| 반지를 껴라 |　반지는 결혼과 같다. 말하자면 반지의 문제는 그것이 존재한다는 것이다. 반지를 끼지 않은 사람은 생각해 봐야 한다. 왜 끼지 않는가?

| 탁자 위에 사진을 세워두어라 |　찍은 지 얼마 안 되는 배우자의 사진을 예쁜 액자에 넣어놓아라. 출장을 갈 때 배우자의 사랑스러운 사진을 가방 맨 위에 올려놓는 사람은 눈에서 멀어지면 마음에서도 멀어진다는 격언을 몸소 실천하는 사람이다.

| 부부가 같은 책을 읽어라 | 항상 그러라는 것은 아니다. 그러나 적어도 네다섯 권 중 한 권은 서로 공유하는 게 좋다. 이 습관은 흥미로운 대화를 위한 소재를 제공할 뿐 아니라 서로를 더 잘 알게 한다. 그리고 시간이 지나면서 공동의 문화저장고를 갖게 한다. 중요한 것은 상대방이 관심을 가질 만한 책을 제안하고, 상대방이 추천한 책이 첫 페이지에서 당신을 사로잡지 못한다 하더라도 책을 내팽개치지 말라는 것이다. 영화와 음악도 마찬가지다.

| 기념일을 축하하라 | 미국의 서정시인 오그던 내시Ogden Nash가 말했다. "결혼은, 한 사람은 절대 생일을 기억할 수 없고, 다른 한 사람은 절대 생일을 잊어버릴 수 없는 두 사람의 결합이다." 파트너의 성향이 어떤지와는 상관없이 예의는 (그리고 사랑은) 달력에서 특별한 날을 특별하게 지낼 것을 요구한다. 그렇게 하지 않으면 상대방은 자신이 축하나 선물을 받을 만한 가치가 없는 건가 하는 불쾌한 생각을 할 수도 있다. 어떻게 축하하는지가 중요한 게 아니라, 당신이 특별한 날을 기억하고 그것을 위해 특별한 일을 계획한다는 게 중요하다.

둘만의 의식을 개발하라

일요일 아침식사로 구워낸 팬케이크, 사람들이 고개를 절레절

레 흔드는 연한 커피, 헤어질 때 코에 하는 키스, 벼룩시장에서 사온 은박이 벗겨진 찻주전자.

공동의 의식과 상징은 커플로 하여금 신뢰와 친밀감이라는 고치에서 실을 자아내게 한다. 그것은 단순한 습관 이상의 의미를 지닌다. 서로에게 속해 있다는 감정을 깊어지게 하며, 자신들의 관계가 특별하다는 것을 나타내준다.

물론 모든 의식은 적당한 때가 있다. 아이가 막 태어났다면 몇 년 동안은 일요일 아침 침대에서 아침식사를 하면서 주중에 못 다 한 이야기를 나누는 것은 비효율적인 일이 될 것이다. 대신 저녁식사 후에 아이와 함께 동네를 산책하는 것이 좋다. 유모차의 흔들거림은 아이를 잠재우고, 부부는 서로를 새롭게 발견한다.

두 사람 중 누구라도 어떤 의식에 아무런 기쁨도 느끼지 못한다면 그것을 고집하지 마라. 당신이 편평해져버린 관계를 제때, 더 아름답고 적합하게 그리고 이성적으로 배치할 때에만, 그런 의식들이 관계를 견고하게 해준다.

chapter 4
갈등 이겨내기

부부는 점점 더 힘들고 중대한 문제와 대면해야 하며, 갈등은 해결되지 않는다. 이런 갈등으로 인해 부부의 관계가 성장하는지 파괴되는지, 버티어내는지 다른 사랑으로 도피하는지는 자기 통제의 문제이기도 하다.

때로 연애와 사랑은 초코 크로와상과 많은 공통점이 있는 것처럼 보인다. 처음에는 아주 느긋하고 가볍게 시작했던 것을 나중엔 이로 물어뜯게 되는 것이다. 결혼생활의 최대의 적 세 가지, 스트레스, 갈등, 싸움이 그 원인이다. 이는 서로를 고립시키고 감정적인 배려를 점점 더 줄어들게 만들며 사랑받고 있지 않다는 느낌을 준다. 자신에 관해 거의 이야기하지 않고 섹스를 기피하고 기대는 충족되지 않은 채로 남는다. 한 사람은 사소한 일 때문에 화를 내고, 또 한 사람은 화를 잘 내는 상대방을 동료와 비교한다. 불만족은 계속 커져간다. 이 장에서는 사랑을 위험하게 하지 않으면서 스트레스와 갈등을 제압하는 방법에 관해 알려줄 것이다.

러브 토크 10

긴장을 풀어라

　부부의 삶에서 스트레스 호르몬이 방출되는 때는 위급한 상황이 아니다. 가령 아이가 앞도 보지 않고 도로 위를 달려가거나, 파트너가 누군가에게 추파를 보낸다고 해서 심한 스트레스를 받지는 않는다. 이런 경우에 육체의 스트레스 반응은 오히려 중요하고 유익한 것으로 그 상황에 빠르고 집중적으로 대응할 수 있게 해준다. 그리고 위험이 사라지면 호흡은 가라앉고 혈압은 다시 정상으로 돌아온다.

　요즘 부부의 일상에는 이런 회복 단계가 결핍되어 있다. 게다가 진짜 위험이나 위험처럼 보이는 것이 우리 관계를 위협하지 않는다. 대신 사소한 스트레스가 계속 이어진다. 베이비시터는 아프고

점원은 꾸물거리고 섹스 빈도수는 통계에 훨씬 못 미친다. 그리고 남편은 벌써 세 번이나 자기 휴대전화 충전기를 보지 못했느냐고 묻는다. 틀림없이 이런 기분을 알 것이다.

계속되는 스트레스는 조금씩 스며드는 독처럼 관계에 영향을 미친다. 지속적인 스트레스의 홍수는 신경을 상하게 하고 면역체계를 약화시키며, 인생의 아름다운 사건에 무감각하게 만들고 애정에 대한 욕구를 억제한다. 그것이 오랜 단계를 거쳐 지속되면 관계를 죽이는 1순위가 된다. 그러므로 부부의 스트레스 진자가 안전지역 안에서 움직이게 하는 게 최선이다. 두 사람 모두를 위해.

혼자 스트레스에 대항하다

우리는 운동을 하다가 지쳤다고 느끼면 잠시 쉰다. 직장에서도 프레젠테이션을 제대로 하려면 휴식이 필요하다는 것을 알기 때문에 아무도 없는 회의실에서 잠시 휴식을 취한다.

그런데 관계에서만큼은 다르다. 우리는 어떤 생활영역보다 관계에서 과도한 요구를 하고 부담을 주는 경향이 있다. 직장에서 조금 일찍 퇴근하거나 산더미처럼 쌓인 빨랫감을 잠시 한쪽으로 밀어놓는 대신, 삶이 우리에게 풍성하게 차려 내놓은 수많은 일을 헉헉거리며 모두 처리한다. 그리고 거기서 비롯되는 화와 불만을 파트너에게 쏟아놓는다. 왜일까? 사랑을 아주 개인적인 것으로 관찰하기 때문은 아닐까, 혹은 직장일이나 다른 어떤 일이 생기면 당연히 사랑을 억눌려야 한다고 생각하기 때문은 아닐까? 우리는 의식도 하지 못한 채 이런 생각을 하면서, 부부 관계를 직장이나 가정에서 받는 스트레스 배출구로 격하시킨다. 또한 삶의 다른 영역에 과도한 부담이 가해질 때면 부부 관계가 이를 붙잡아야 한다고 생각한다.

예언자 바울은 〈고린도전서〉에서 이렇게 적고 있다. "사랑은 모든 것을 참아내고 인내하며 절대 그치지 않는다." 그러나 21세기의 현실은 경건한 희망과 일치하지 않는다. 스위스 심리학자이자 의사소통학자인 가이 보덴만Guy Bodenmann은 연구를 통해 이런 사실을 밝혀냈다. "스트레스는 부부의 비밀스런 적이다. 스트레스는 천천히 눈에 띄지 않게 결혼생활에 영향을 미친다. 철을 갉아먹는 녹처럼 파괴적인 영향을 미친다."

- 문제 1: 스트레스가 서로를 위한 시간과 인내심을 제한한다.
- 문제 2: 배우자와 가족은 뒤로 밀려난다.
- 문제 3: 사랑 표현의 빈도수는 감소하고, 자극적이고 날카로운 말을 하는 횟수는 증가한다.
- 문제 4: 애정은 피상적이 되고, 스트레스를 받은 사람은 다른 생각을 한다.
- 문제 5: 구체적으로 표현하지는 않지만 더 파괴적인 영향을

미치는 부정적인 어조로 말한다.
- 문제 6: 스트레스는 대화의 질을 낮춘다.
- 문제 7: 스트레스를 받은 사람은 그 사실을 인정하기를 거부하려는 경향이 있으며, 상대방의 질문에 화를 내며 반응한다.

사랑은 과도한 요구와 피로를 견뎌내기 힘들다. 그러므로 상대방에 대한 예의는 자신의 스트레스 진자에 신경을 쓰면서 다른 의무보다 사랑을 우선시하는 것에서 시작되어야 한다. 왜냐하면 부부 관계는 우리가 그것을 삶으로 진지하게 받아들일 때만 그 기능을 다할 수 있기 때문이다.

함께 스트레스에 대항하다

부부가 각자 자신의 스트레스 요인이 무엇인지를 인식하고, 그것을 배제하거나 약화시킨다면 많은 것을 얻을 수 있다. 물론 스트레스를 관리한다고 해서 모든 분노와 두려움, 중압감이 약화되는 것은 아니다. 울부짖는 아이, 힘들기만 한 출퇴근 길 등이 우리가 겪어내야 할 스트레스다. 적어도 한동안 이런 스트레스는 우리 삶을 힘들게 하는데, 이 시점에서 상호안정성이 문제가 된다. 한 연구에서는 부부가 한 가지 목표를 성공적으로 추구할수록 그 관계가 평생 유지될 가능성이 높아진다는 것을 보여준다. 부부가 스트레스를 극복하기 위해 이렇게 할 수 있다.

당신이 스트레스를 받는다면

| 스트레스에 대해 이야기하라 | 지속적인 작은 스트레스가 큰 위기보다 삶을 더 위험하게 만든다. 그 이유는 스트레스를 받는 당사자가 지지부진한 프로젝트나 곧 있을 이사가 자신을 얼마나 힘들게 하는지 인정하지 않으려 한다는 데 있다. 상대방을 같은 배에 태우는 대신 도움을 거절한다. 그 결과 분위기는 날카로워지고 배우자에게도 스트레스를 준다.

| 도움을 청하라 | 스트레스를 많이 받았다면 배우자에게 미리 알려라. 퇴근을 하면서 당신이 오늘 힘든 날을 보냈으니 삼십 분 정도 휴식을 원한다고 말하라. 혹은 배우자를 산책에 초대하라. "당신 의견을 듣고 싶은 문제가 있는데……." 배우자가 어떻게 해주면 당신이 스트레스에서 벗어날 수 있는지 구체적으로 말하라. "당신이 올해 크리스마스 파티를 혼자 준비한다면 큰 도움이 될 것 같아."

| 당신 기분에 대해 사과하라 | "지금 감정이 폭발할 것 같아. 박람회가 끝나고 나면 달라질 거야. 약속할게." 사과의 말은 스트레스를 공동의 적으로 만들고, 당신이 자신의 긴장 상태를 인식하고

있으며 이를 지속되도록 내버려두지 않을 거라는 신호를 보내는 것이다.

| 적어도 일주일에 한 번은 시간을 내라 | 스트레스를 받으면 배우자의 바람은 무시된다. 그러므로 며칠마다 공동으로 할 수 있는 일을 제안하라. 일상적인 일로 족하다. "오늘 저녁에 당신이 갖고 싶어 했던 화분을 함께 사러 가는 건 어떨까?"

상대방이 스트레스를 받는다면

| 당신의 감각을 신뢰하라 | 평상시에는 별 문제가 없던 배우자가 참을성이 없어지고 정신을 딴 데 팔고 있거나 심술궂어진다면, 그것은 대개 스트레스를 받고 있다는 신호이다. 그 스트레스를 자신과 연결시키지 마라. 그가 인정하지 않지만 과로한 상태이고 걱정이 있다는 점을 배려하라. 그리고 조심스럽게 언급하라. (그러나 직접적으로 말하지는 마라!) 사랑이 없어서가 아니라 외부상황이 우리 관계를 힘들게 하고 있다는 것을 둘 다 인식하고 있다면, 부부 간의 의사소통은 더욱 안정적으로 진행된다.

| 이해심을 보여주어라 | 스트레스를 받는 배우자는 사랑스런 감정보다는 적대적인 감정을 일깨울 것이다. 그럼에도 그는 실제적인 지지와 감정적인 도움을 필요로 한다. 포옹이나 칭찬("나는

당신이 자랑스러워."), 연대의식 고지("그 사람이 당신을 그렇게 의기소침하게 만들리라고는 생각하지 않았는데."), 달래기("3주만 지나면 모든 게 끝날 거야.")와 같은 도움 말이다.

| 경계를 설정하라 | 배우자는 알아야 한다. 당신이 그가 받는 스트레스를 이해하고 그를 격려할 준비가 되어 있다는 것을. 그러나 신경질을 내거나 밤 늦게까지 회사일을 하는 것을 당연하게 받아들이지는 마라. 예정된 시간이 되면 다시 관계에 평안이 깃들어야 한다. 무례하고 거친 어조에 대해서는 당신 역시 화를 억누를 필요가 없다. "당신이 내 생각을 무시한 게 벌써 두 번째야. 아무리 스트레스를 받았다 해도 말이야. 제발 그만해."

| 대체 프로그램을 마련하라 | 배우자가 스트레스를 털어내기 위해 뭘 어떻게 해야 할지 모른다면, 콘서트나 주말여행으로 일상에서 잠시 벗어나는 것도 좋다. 그러나 스트레스를 받는 시기에도 규칙적으로 함께 지내는 시간을 마련하라. 구체적으로 언제 함께 해야 하는지는 중요하지 않다. 중요한 것은 그가 일에 완전히 빠지지 않게 하는 것이다.

해결책을 마련하라

"당신이 할 일이 많다면 누나네에서 먹기로 한 점심은 취소하자." 크리스마스가 코앞에 닥쳤는데 빨래는 산더미처럼 쌓여 있고 회사일은 끝이 없다면, 남편의 제안은 해결책일 수 있다. 그러나 그의 즉흥적인 해결책은 아내의 욕구를 간과한 것일 수도 있다. 시누이나 시동생 집에 방문하기로 한 약속을 깬다면 아내는 죄책감을 느낄지도 모른다. 또 남편의 흥분한 어조에서 그가 여자의 불평에 질려 있으며, 자신만의 휴식을 가지고 싶어 한다고 알아들을 수도 있다.

스트레스의 동기를 세상 밖으로 몰아내고 문제를 한 번에 해결하는 것이 사람들이 바라는 바이다. 특히 남자들은 아무 성과 없는 토론보다 빠른 해결을 우선시한다. 하지만 원하지도 않는데 충고를 하는 것은 별 도움이 되지 않는다. 더 나쁜 것은 불평등을 관계에 도입하는 것이다. 자신이 해결사의 임무를 맡았다고 느끼는 사람은 상대방을 쉽게 약한 파트너의 역할로 몰아간다. 그러나 예의 바른 파트너는 문제를 손쉽게 해결하려는 대신 그것에 관해 충분히 논의한다. 상대방을 존중하여 충고는 삼가는 것이 예의이다. 섣부른 충고보다는 상대방에게 맞는 해결책을 찾을 수 있도록 도와주는 편이 더 낫다. 이때 다음과 같은 질문이 도움이 된다.

- "당신이 다시 당신/나/우리를 위해 더 많은 시간을 가지게 하려면 어떻게 해야 하지?"
- "어떻게 당신을 도와줄 수 있을까?"
- "어떻게 우리가 서로를 도와줄 수 있을까?"
- "어떻게 당신의 부담을 덜어줄 수 있을까?"
- "어떻게 해야 당신에게 필요한 에너지를 줄 수 있을까?"
- "당신은 작년에 이사 스트레스를 아주 잘 극복했잖아. 어떻게 그렇게 할 수 있었어?"
- "거꾸로 물어볼게. 스트레스를 더 받으려면 어떻게 해야 하는데?"

또 아주 느긋하게 해결책을 위한 몇 가지 제안을 할 수 있다.

- "아마도 우리는 이렇게 해야 하지 않을까?"
- "이것도 한 가지 가능성일 텐데……."
- "그런 상황에서는 이렇게 하는 게 도움이 되던데……."
- "이렇게 하면 어떨까?"

여성을 위한 TIPS

남편의 제안을 귀 기울여 들어라. 사랑하는 남편이 당신에게 차선을 미리 바꾸는 게 좋다거나, 열두 개의 윈도우창을 동시에 열어놓고 작업하지 말라고 조언한다면 그것은 정말 쓸데없는 충고이다. 왜냐하면 당신은 15년 동안 무사고로 운전해 왔고, 자기 노트북에 어떤 기능이 있는지는 더 잘 알고 있기 때문이다. 그럼에도 화내지 말고 예의 바르게 웃어라. "고마워. 좋은 생각이야." 그리고 당신이 옳다고 여기는 대로 하라. 이렇게 하면 당신은 스트레스를 줄이고 그의 에고는 견고해진다. 그를 기쁘게 해주어라!

러브 토크 11

싸움의 규칙을 만들어라

두 사람이 서로 사랑하면 다툼이 생길 수밖에 없다. 결정을 내려야 하고 습관이 신경을 건드리고 서로의 생각이 충돌한다. 그러므로 부부 관계에서 갈등은 일요일 아침의 섹스나 자러가기 전의 와인 한 잔과 같다. 왜냐하면 두 사람은 서로 얼마나 가까워지느냐에 상관없이 자신의 정체성을 여전히 유지하려고 하기 때문이다. 거기서 갈등이 생기는 것은 당연하다. 문제는 우리가 지혜롭고 예의 바르게 긴장을 해결하느냐, 아니면 화를 내며 가장 간단한 규칙도 무시하느냐이다. 한마디로 문제는 싸우는 것 자체가 아니라 어떻게 싸우느냐이다.

싸움의 강도를 약화시켜라

다툼에서 누가 주도권을 잡느냐가 중요한 게 아니다. 두 사람이 함께 살아갈 수 있는 해결책을 찾고 합의하는 것이 중요하다. 그러므로 점점 더 힘들고 중대한 문제와 대면해야 할지라도 다음과 같은 과도한 요구는 삼가는 것이 좋다.

| 격렬한 시작 | 거의 모든 싸움은 시작한 대로 끝난다. 비난에 가득 찬 말투로 "또 그래야만 했어?" 혹은 "당신이 이렇게 할 수 있겠어?"라고 말하는 것은 싸움을 부드럽게 하기보다는 심각하게 만든다. 그에 반해 정중하게 "이렇게 했으면 좋았을 텐데……." 혹은 "이러면 어떨까?"라고 말한다면 부부가 둘 다 수긍할 수 있는 결과가 나올 가능성을 높인다.

| 인신공격 | 이상하게도 우리는 배우자에게 대놓고 인신공격을 한다. 아주 친한 동료에게도 이런 식으로는 말하지 않을 텐데 말이다. "입에 안 맞으면 직접 요리해." "당신이 전혀 신경 안 쓰는 걸 몰랐단 말이야?" "당신한테 관심 없어." 입에서 막 튀어나오려는 말을 사교적인 언어로 포장하라. "정말 맛있다. 그런데 다음번에는 기름을 조금 덜 넣었으면 좋겠어." "야콥 기저귀를 갈아주고 우유 좀 먹여줄 수 있어?"

| 반박에 저항하는 것은 자연스런 반응이다 | 하지만 반박이 싸움을 해결하지는 못한다. 왜냐하면 반박은 공통점보다는 반대되는 점을 강조하고, 상대방이 이야기를 하고 있는 도중에 카운터펀치를 날리기 때문이다. "당신은 어떻게 그런 생각을 할 수 있어? 나는 충분히 많은 일을 하고 있어. 내가 뭘 더 해야 하는데?" 이렇게 말하기보다는 갈등을 객관화하는 것이 좋다. "그래, 이해해. 당신 생각은 우리가 이렇게 해야 한다는 거지?"

| 다혈질적인 분노의 표출 | 소리 지르기, 쾅 소리 나게 문 닫기, 모욕적인 말("나에게 변덕 좀 부리지 마.") 등 다혈질인 사람 앞에서는 아무리 비싼 도자기도 안전하지 않다. 게다가 이런 사람은 빨리 진정되지도 않는다.

화가 폭발하고 나면 더 이상 싸움의 원인은 중요하지 않다. 핵심은 부부 중 한 사람이 아주 심하게 부당한 언행을 했다는 것이다. 자기를 통제할 수 있는 부모는 자녀를 키울 때 화가 폭발하지 않도록 조절한다. 어쩔 수 없는 경우라면 싸움을 예의 바르게 견뎌내라. "너무 화가 나서 지금은 얘기 못하겠어."

이때 상대방 때문에 화가 났다면서 책임을 전가해선 안 된다. 자신의 감정을 통제하는 것은 오로지 자신에게 그 책임이 있다. 그리고 사과의 말을 생략해서도 안 된다. 상대방이 흥분한 상태라면 아마도 사과는 바로 받아들여지지 않을 것이다. 그렇더라도 그냥 지나쳐서는 안 된다.

| 침묵 | 싸움에서 침묵은 금이 아니다. 그것은 공격이다. 침묵이 과시적으로 지속된다면 더 그렇다. 게다가 말 없는 냉전은 분위기 파악을 방해한다. 몇 시간 혹은 며칠간 말을 하지 않는다면 그 사람은 상대방을 무시하는 것이다. 어떤 시선이나 제스처, 말도 할 필요 없는 아무것도 아닌 존재로 말이다. 침묵은 상대방을 무기력하고 초라하게 만들며 해결책을 멀리 밀어놓는다.

| 타인 앞에서의 싸움 | 싸움은 섹스처럼 은밀한 것이다. 다른 사람을 싸움의 증인으로 만드는 것은 파트너는 물론, 원치 않게 그 광경을 보게 된 사람까지 당황하게 만든다. 토론이 싸움으로 번질 것 같으면 노련하게 대화의 주제를 바꿔라.

TIPS

가끔은 타인 앞에서 논쟁을 피할 수 없는 경우가 있다. 이미 둘 중 한 사람이 그 문제를 포기할 수 없을 정도까지 진행된 경우이다. 특히 다혈질인 사람은 특정 시점부터는 보는 사람이 있든 없든 상관하지 않는다. 상대방이 다른 주제로 넘어가려 하지 않는다면 평화를 유지하기 위해 이렇게 할 수 있다.

- 끝나는 지점을 설정하라. 상대방이 계속 곤란한 주제를 고집한다면 조용히 말하라. "우리가 아직 합의하지 않았다는 것에 합의해요."

- 전투지역을 떠나라. 물을 한 잔 가져와서 이렇게 말하라. "잠깐 아이들이 잘 있는지 전화해 볼게요." 그리고 화장실로 가라. 운이 좋다면 당신이 돌아왔을 때 당황스럽지 않은 주제로 넘어가 있을 것이다.
- 상황을 유머러스하게 마무리하라. "이건 처녀자리와 양자리가 집을 지으면 어떤 일이 일어나는지 보여주는 한 예였어." 주위에 있던 사람들 중 누군가가 이 주제를 받아서 실마리를 풀어갈 것이다.
- 사과의 말로 논쟁을 끝내라. "유감스럽게도 우리는 아직 의견의 일치를 보지 못했어요." 상대방이 이 신호를 이해하지 못한다면 확실한 어조로 다시 말하라. "다시 말하지만 죄송합니다."

해결 문화를 개발하라

우리는 각자의 집에서부터 부부 관계에 해가 될 수 있는 갈등 모델을 가져온다. 거기서 벗어나는 것은 간단하지 않다. 그렇다고 근본적으로 불가능한 것은 아니다. 부부가 분노와 절망에도 불구하고 어느 정도 존경심을 가지고 서로를 대한다면, 보다 쉽게 좋은 해결책을 발견할 수 있을 것이다. 그리고 갈등을 극복하고 나면 보다 빨리 상대방의 품에 안길 것이다. 그러므로 의견 차이가 극단으로 치닫는 것을 피하라.

| 갈등의 요인을 확실히 하라 | 싸움을 벌이기 전에 당신의 문제가 무엇인지를 생각하라. 어떤 것(그가 시간을 지키지 않는 것)에 대

한 공격 뒤에는 가끔 더 깊은 것(남편이 집안일에 관심을 보이지 않는다는 느낌)이 숨어 있기 때문이다. 싸움을 신중하게 선택하고 근본적인 문제를 말하라. 부차적인 문제로 관계를 힘들게 하지 마라.

| 여유를 가져라 | 서로 다른 목표와 가치, 동경은 한 번의 격론으로는 타협을 보지 못한다. 그 문제는 오래도록 따라다닐 것이다. 어쩌면 평생 따라다닐지도 모른다. 신앙이나 교육관, 출세, 사교성 혹은 건강 문제 등에서 매번 두 사람의 목표와 희망에 부합하는 새로운 해결책을 능동적으로 찾도록 노력해야 한다.

| 올바른 시점을 선택하라 | 배우자에게 힘겨운 날이 기다리고 있거나 근래에 시련을 겪었다면 원칙과 관련된 토론은 피하라. 토론은 상대방의 신경질이나 긴장, 피곤으로 인해 공개적인 싸움으로 바뀔 것이다. 두 사람 다 그 일에 완전히 집중할 수 있을 때 싸움을 시작하는 것이 좋다.

| 적합하지 않은 갈등 모델을 극복하라 | 혹시 싸우면서 자주 토라지고 화를 내는 어린이 자아를 표출하는가, 아니면 비판하고 징벌하고 경멸하는 어머니 자아를 표출하는가? 어떤 자아이건 자신의 상태를 인지했다면 가능한 빨리 성인 자아로 돌아가야 한다. 여기에 사과를 덧붙이면 더 좋다. "미안, 이건 적절하지 않았어."

배우자는 당신이 어떻게 싸우는지에 대한 책임이 없다. 당신 스스로가 적합하지 않은 갈등 모델을 부부 관계에 들여온 것이다.

| 서로 영향을 받아라 | 추측컨대 당신이 이 세상에서 가장 사랑하는 사람은 어리석지도 않고, 당신에게 악의적인 충고를 하려고 들지도 않을 것이다. 상대방의 의견을 비싼 돈 내고 듣는 상담가의 조언처럼 집중해서 들어라. 당신의 남편이나 아내가 확신하는 것을 한 귀로 듣고 한 귀로 흘리지 마라. 특히 남자들은 더 그래야 한다. 커플연구가 고트만의 연구결과에 따르면 아내의 바람과 의견을 존중하는 남자가 보다 행복하고 안정적인 결혼생활을 이끌어간다고 한다.

TIPS

피해야 할 말
- "정말 아무 생각이 없군."
- "그건 당신과 아무 상관없어."
- "잊어버려!"
- "그건 내가 결정할 일이야."
- "모든 게 당신 머리에서 나왔군."
- "당신 원하는 대로 해!"
- "그렇다면 나가."
- "항상 똑같아. 당신의 그 빌어먹을 질투심이라니."
- "그럼 우리 헤어지자."

피해를 줄여라

 힘들었던 하루, 화를 돋우는 말, 자극적인 말……. 설전이 오가고 목소리는 더욱 커지고 시선은 차가워지고, 아마도 누군가 큰 소리를 내며 문을 닫을 것이다. 물론 그렇지 않을 수도 있다. 둘 중 한 사람이 와인을 가지고 와서 말한다. "우리 이성을 좀 찾자. 당신도 나처럼 스트레스를 받았어?" 이런 작은 행동은 그날 저녁을 구원하기에 충분하다. 멋진 커플은 갈등을 해소할 수 있는 많은 방법을 알고 있으며, 갈등을 흐지부지 뭉개버리지 않고 잘 이용한다.

| 집중하라 | 불쾌감을 주도권 다툼으로 이어지게 하는 사소한 행동이 있다. 신경질적으로 "그만해!"라고 말하거나 분을 참지 못하고 하늘을 쳐다보거나, 말을 가로막거나 텔레비전에 눈을 고정시키는 등의 행동은 싸움을 커지게 한다. 그에 비해 대화에 집중하는 것은 화해를 이끌어내고 갈등을 빠르게 해결할 가능성을 높인다.

| 휴식시간을 가져라 | 한 사람 혹은 둘 다 이성적으로 생각하기에는 너무 화가 났거나 스트레스가 심하다는 것을 알아챘다면 휴식시간을 가져라. 그리고 이렇게 말하라. "물 좀 마셔야겠어. 당신

도 한 잔 갖다 줄까?" 아니면 솔직하게 그 주제에 대해 말하라. "우리 둘 다 너무 흥분했다고 생각해. 잠시 휴식시간을 갖자."

| 사과하라 | "내가 과민반응을 보였어. 미안해." "그런 뜻이 아니었어. 미안해." 이렇게 말하면서 먼저 사과하라.

| 물어보라 | "당신 그걸 어떻게 알았어?" "내가 무슨 말을 하려는 건지 이해하겠어?"

| 동의하라 | "그래, 이해할 수 있어." "흠, 맞아."

| 이해심을 표명하라 | "그것 때문에 당신이 스트레스 받았다는 걸 이해해." "해결책을 찾아야 해. 아직 어떻게 해야 할지 잘 모르겠지만 말이야." "나는 당신이 그것을 위해 아무것도 할 수 없다는 걸 알고 있어."

| 인정하라 | "당신 말이 맞아. 일관성 있게 행동하는 게 난 정말 힘들어."

| 제동을 걸어라 | "나는 우리가 이 주제에서 벗어났다고 생각해." "이건 정말 예민한 문제야. 나는 우리가 그 문제에 대해 객관

적으로 얘기했으면 좋겠어."

| 긍정적인 신호를 보내라 | 싸움을 한다 할지라도 당신들은 서로 사랑한다. 그 사실을 서로 떠올리게 하라. 유머러스한 말과 웃음, 후회의 웃음 그리고 화해의 접촉으로.

| 나중에 다시 논의하라 | 배우자의 냉정한 말("그렇다면 갈라서!")에 경멸하는 어투로 맞받아친다("멋진 제안이군. 오래전에 그렇게 했어야 했는데 말이야."). 하지만 무례한 말을 들어도 그냥 넘어가주는 것이 좋다. 만약 상대방이 '이혼'이라는 단어를 쉽게 들먹인다면, 정말 그래야 하는지에 대한 논의는 상대방이 안정을 찾은 뒤로 미룬다.

화해 의식을 개발하라

어떤 관계에서도 다툴 때는 상대방의 사정을 봐주지 않는다. 하지만 서로에게 예의를 갖춘 부부는 싸움을 어떻게든 해결할 준비가 되어 있다. 다음은 그에 대한 몇 가지 제안이다.

| 양쪽 다 해결책을 찾으려는 의지가 있어야 한다 | 친구들이 식사하러 와 있거나 새벽 두시가 되었는데도 싸움이 끝나지 않았다

면 싸움을 나중으로 미루어라. 그때까지 휴전상태이다. "잘 자요. 내일 틀림없이 좋은 해결책을 발견할 거예요." "친구들이 가고 난 후에 다시 이야기합시다. 내가 그렇게 격하게 행동한 건 미안해요."

| 서로에게 진정할 시간을 주어라 | 모든 사람이 싸움을 한 후에 바로 일상으로 넘어갈 수 있는 건 아니다. 나쁜 말이 오고가거나 심한 말을 했을 경우에는 더욱 그렇다. 어떤 사람은 배우자의 목소리도 듣고 싶어 하지 않고, 어떤 사람은 혼자 있기를 원하고, 또 어떤 사람은 당시에는 애무나 화해의 섹스를 원하지 않을 것이다. 배우자가 싸우고 나서 곧바로 솔직하고 즐거운 자아로 돌아오지 않는다면 그냥 놔두어라. 거기에 신경질적으로 반응한다면 방금 끝난 싸움을 다시 시작하는 셈이 된다.

| 화해의 섹스를 하라 | 두 사람 다 그러고 싶은 마음이 있다면 화해의 섹스는 화를 가라앉히고 서로 가까이 다가갈 수 있는 가장 아름다운 방법이다. 하지만 침대에서의 화해를 요구하는 것도, 잘못된 자존심에서 그것을 거부하는 것도 예의에 어긋나는 행동이다. 가장 좋은 방법은 조용한 순간에 두 사람이 어떻게 할 것인지에 관해 서로를 이해시키는 것이다.

| 서로를 조심스럽게 다루어라 | 싸움이 하나 끝나고 나면 다음 싸움이 기다리고 있다. 격렬한 싸움이 끝난 후에는 서로 비판적일 수밖에 없다. 부부는 방금 화해했다. 그럼에도 신뢰는 아직 회복되지 않았다. 싸움 후의 약속이 정말 실현되는지를 보여주어야 한다. 그것도 마지못해서가 아니라 친근하고 즐겁게 약속을 지켜야 한다. 무엇보다 특별히 배려하고 있음을 보여주고, 매번 서로의 관계에 관해 이야기를 나누는 것이 중요하다.

러브토크 12

정절을 지켜라

우리가 사랑을 동경한다면 그것은 원칙적으로 절대적이고 영원한 사랑을 의미한다. 로미오와 줄리엣이나 《오만과 편견》의 엘리자베스 베넷과 다시가 떠오르지 않는가. 숙명적인 사랑과 위험한 연애 관계 그리고 일부일처제. 커플연구가 가이 보덴만의 연구결과에 의하면 확고한 파트너 관계를 가지는 젊은이의 90퍼센트가 상대방에게 무엇보다 정절과 안전한 느낌을 기대한다고 한다.

이런 절대적인 사랑관은 한 번의 외도 후에 계속 함께 살아가는 것을 힘들게 한다. 21세기에도 대부분의 사람들은 결혼을 세트로 인식한다. 사랑과 정절이 들어 있는 하나의 세트로 말이다. 정절이 지켜지지 않으면 사랑은 쉽게 식고 큰 위험에 빠진다. 스위스의 심리치료사이자 작가인 위르크 빌리$_{Jürg\ Willi}$는 파트너가 외도를 한 사람의 기분을 구체적으로 기술하고 있다. 파트너가 외도를 하면 다른 파트너는 "땅이 꺼지는 것 같고, 자신의 삶을 구축한 건물 전체가 무너져 내리는 듯한 기분을 느낀다."

  진짜 사랑하는 사람은 외도나 원나잇 스탠드 혹은 비밀스런 연애로 파트너에게 상처를 주지 않는다. 정절의 약속을 지키는 것이 사랑하는 사람에 대한 예의다. 오랜 시간 지속된 관계가 이미 오래전에 금이 가고 덜거덕거리기 시작했다 하더라도. 다음은 유혹을 막을 수 있는 방법이다.

관계를 강하게 만들어라

  외도의 원인은 대부분 부부 관계에서 찾을 수 있다. 일상생활에서 실망이 커져가고 모든 것이 한 사람에게 달렸다는 느낌을 받고 대화는 겉돈다. 섹스는 지루해지고 관심사는 서로 달라진다. 친밀하다는 것에서 더 이상 행복을 느끼지 못하면 낯섦의 매력이 상승한다.

  그러므로 만족스러운 섹스만으로는 바람이나 외도를 막을 수 없다. 강한 파트너 관계가 그만큼 중요하다. 다음과 같이 해야 유혹에 대한 저항력을 키울 수 있다.

| 대화를 하라 | 정기적으로 솔직하게 상대방과의 관계에서 행복하다고 느끼는 것과 중요하다고 느끼는 것 그리고 싫어하는 것을 말하라. 관계에 대한 크고 작은 희망을 진지하게 받아들여라. 남편이 가끔 함께 등산하는 것을 원하거나 아내가 당신이 매일 저녁 텔레비전 앞에만 앉아 있는 것을 언짢아한다면, 상대방의 의견을 진지하게 받아들여라.

| 상대방을 존중하고 있음을 보여주어라 | 부부가 모든 관심사를 공유하기는 불가능하다. 또 모든 활동을 함께하려 하지 않는다는 것은 분명하다. 그러나 사랑하는 마음이 있다면 남편이 스킨스쿠버를 하면서 어떤 느낌을 받았는지, 아내가 왜 동물보호운동에 참여하는지를 귀 기울여 들어주어야 한다.

| 함께 결정하라 | 둘째 아이를 갖는 문제나 인테리어를 새롭게 하는 문제 등을 결정할 때, 자신이 배제되거나 자기 의견이 반영되지 않았다고 느끼는 사람은 외부의 유혹에 열려 있다. 그러나 함께 결정을 내리면 자신이 결혼했다는 사실을 더 강하게 느낄 수 있다.

| 서로에게 어떤 자유를 인정하는지 명확히 하라 | 남자가 계속해서 전 애인과 만나거나, 여자가 친한 남자친구와 함께 요트를

타러 가거나, 파티에서 배우자가 다른 이성에게 추파를 던진다면 참기 힘들 것이다. 물론 21세기에 이성 간의 우정은 허용된다. 그러나 경계를 어느 정도로 할지는 함께 의논해야 한다. 질투심에 관해 파트너와 이야기하라. 협박하거나 눈물을 흘리지 말고, 냉정하게. "가끔 당신이 스테피와 장난치는 걸 보면 정말 참기 힘들어. 그녀를 안 지 나보다 훨씬 오래 됐다는 걸 사람들이 알아채거든." 연구결과에 의하면 남자들은 성적인 외도에 더 불안해 하고, 여자들은 감정적인 외도에 더 불안해 한다고 한다.

유혹을 피하라

 운동을 하고 난 후 매주 이어지는 깊은 대화, 살사 클럽에서의 자극적인 분위기……. 가끔은 스스로를 무력하게 할 만큼 연애의 매력은 크다. 외도를 한 사람들은 어쩌다 보니 그렇게 되었다고 말한다. 그러므로 유혹을 피하기 위해서는 자신의 감정에 사로잡히는 상황이 일어나지 않도록 하는 게 가장 좋다.

| 확고한 결혼생활을 하고 있음을 보여주어라 | 결혼 반지나 책상 위에 놓인 아내의 사진, 남편에 대해 스치듯 언급하는 것 등 결혼했음을 알리는 것은 작은 암시로도 충분하다.

| 좋아하는 분야에 대한 이야기는 배우자와 나누어라 | 그리고 개인적인 동경이나 두려움을 남편 대신 친한 남자친구에게 말하지 마라. 감정적인 친밀함은 그 이상의 관계로 진행되는 계기가 되며 가끔은 외도로 발전하기도 한다.

| 결정적인 상황이 되기 전에 거절하라 | 유혹이 얼마나 큰지는 상관없다. 당신의 행동이 당신을 평생 쫓아다닐 수도 있음을 명심하라. 노골적으로 밀어붙이는 상대방에게 친절하지만 명백한 거절의사를 밝혀라. "저는 결혼한 사람이기 때문에 지금 가야 합니다." "당신과 함께 보내는 밤은 아주 매력적일 거예요. 그러나 저는 결혼했어요. 결혼생활을 위태롭게 하고 싶지 않아요."

TIPS

누구도 원하지 않지만 많은 사람들이 그렇게 하고 있다. 경험학적 사회연구를 하는 한 학회의 평가에 의하면, 25세와 60세 사이의 여자 중 42퍼센트, 남자 중 46퍼센트가 고정 관계를 맺고 있는 파트너 이외의 사람과 연애를 해보았다고 한다. 두 명 중 한 명이 외도를 한 셈이다. 자신의 파트너가 외도를 하지 않을까 의심하게 되면 사람들은 훨씬 엄격한 잣대를 들이댄다. 한 잡지에서 실시한 설문조사 결과에 따르면 남자들 중 9퍼센트, 여자들 중 6퍼센트만이 파트너에게 이중 관계를 허용하겠다고 말했다고 한다.

chapter 5

호감 주는 가족 되기

호감을 주는 가족은 굳이 친절함을 내세울 필요가 없다. 배려 깊은 부모와 행실이 바른 자녀들을 보면 누구나 호감을 느끼기 때문이다. 이 장에서는 당신이 가족 안에서 그리고 가족과 함께 예의 바르게 살아가는 방법에 관해 배우게 될 것이다.

코를 후비지 않는다, 욕을 하지 않는다, 지하철에서 할머니가 서 계시면 자리를 양보한다 등 행실이 바른 아이가 취해야 할 행동은 상당히 분명하다. 이런 예의 바른 행동은 최근 다시 환영받고 있다. 한 여론조사 연구기관에서 실시한 설문조사에서 44세까지의 부모 중 거의 90퍼센트가 예절과 바른 행실을 우선적인 교육목표로 삼고 있는 것으로 드러났다. 이는 1991년과 비교할 때 20퍼센트 이상 증가한 수치이다. 배려와 좋은 매너에 대한 압도적인 지지는 기쁜 일인 동시에 놀라운 일이다. 왜냐하면 오래전부터 부모들은 좋은 매너의 귀감이 되지 못했기 때문이다. 예의 바르게 행동하는 것은 이제 어머니와 아버지에게도 해당된다. 이 장에서는 아이들의 예의뿐만 아니라 부모가 자녀에게 어떻게 모범을 보여야 하는지에 관해서도 알려줄 것이다.

러브 토크 13

막다른 골목으로 몰아세우지 마라

    부부의 삶에는 하나의 전환점이 있다. 남자가 여자에게 자동차 문을 열어주고 여자가 약속시간에 늦지 않는 것이 그저 친절하고 편안한 행동이었다면, 아이가 생긴 후에는 이런 배려가 완전히 다른 의미를 지닌다. 그때부터 매너는 '가지고 있으면 좋은 것' 이상의 의미를 지니는 것이다. 갓난아이나 요구하는 게 많은 십대 아이와 함께하는 일상에서는, 서로 도와주고 부담을 덜어주는 것이 중요하기 때문에 좋은 매너는 절대로 포기할 수 없는 삶의 한 부분이다.

서로를 도와줘라

자녀를 키우면서 느끼는 행복감에서 아쉬운 점이 있다면 지속적으로 스트레스를 받는다는 것이다. 스위스 통계청에 의하면 열다섯 살 이하의 자녀를 둔 부부는 집안일과 가족을 위해 일주일에 79시간을 소비한다고 한다. 반면 자녀가 없는 부부는 일주일에 42시간을 소비한다. 그러므로 가정에서 스트레스는 하루 일과에 속한다고 할 수 있다.

자녀가 어리고 자녀의 욕구를 예측할 수 없을수록 부부는 더 강하게 연대한다. 어린아이들은 잠시도 혼자 내버려둘 수 없고, 조금 더 크면 시간 맞춰 유치원에 데려다 주고 데리고 와야 한다. 주말에 장을 보고 나서 트렁크에 짐을 싣고 베이비시트에 아이를 태워본 사람은, 두 손으로는 턱없이 부족하다는 것을 실감한다.

부모의 삶에서는 계획 가능한 것, 잠, 도우미 등이 인기가 있다. 가장 가치 있는 이 자산은 배우자에게 매너가 있을 경우 구하기 쉽다. 아내가 약속대로 5시 정각에 도착해서 남편이 느긋하게 운동을 갈 수 있도록 해준다. 남편이 악몽에서 깨어난 일곱 살짜리 아이를 조용히 침대로 데리고 가서 진정시킨다. 말했듯이 자녀가 있는 삶에서 배려는 친절한 제스처 이상을 의미한다. 이러한 배려는 평생에 걸쳐 중요하다.

관계를 유지하라

자녀는 스트레스를 줄 뿐 아니라 부부 사이로 밀고 들어온다. 때로 부부는 자신이 배우자 마음속의 첫 번째 자리에서 밀려났다고 느끼고는 자기 아이에게 질투를 느낀다. 그리고 관계를 등한시하거나 아이에게만 신경 쓰는 배우자에게 실망감을 느낀다.

소외는 부부 관계에 스트레스를 주며 자녀에게도 손해이다. 자녀는 부모 사이에 오가는 화난 어조를 쉽게 감지한다. 그래서 현명한 부부는 그들만의 독립 공간을 만들고 지속적으로 서로의 사랑을 확인하는 시간을 내려고 노력한다.

| 시간을 내지 못하는 핑계로 자녀를 들먹이지 마라 | 부모 역할을 지나치게 내세우는 사람은 배우자에게 자신들의 관계가 자녀를 키우기 위한 것이라는 느낌을 준다.

| 중요한 시간을 함께 보내라 | 매일 아침 함께 명상을 하면서 하루를 시작하거나 저녁식사 후에 차를 마시면서 하루를 돌아보라. 어떤 방법으로든 당신들이 엄마 아빠로서만 존재하는 것이 아니라는 사실에 자녀들이 익숙해지도록 하라.

| 대화를 하라 | 이웃집 파티나 자꾸 떨어지는 큰아이의 성적 에

관해 대화를 나누라는 의미가 아니다. 자신의 생각이나 관심사, 느낌 혹은 희망에 대한 이야기를 나누어라. 한 연구결과에 의하면 1천 명이 넘는 설문대상자 중에 88퍼센트가 기껏해야 한 달에 한 번 자신들의 관계에 관해 대화를 나눈다고 한다.

| 자녀가 부모의 프라이버시를 존중하도록 가르쳐라 | 어린아이에게도 놀이를 통해 부모 방에 들어갈 때는 노크를 하고 허락이 떨어질 때까지 기다리도록 가르친다.

| 정기적으로 집밖에서 무언가를 함께하라 | 부모가 가끔은 집에 없다는 사실에 자녀들이 익숙해질 수 있도록 하라. 그 시기가 빠를수록 아이들은 쉽게 받아들인다. 베이비시터를 둘 능력이 안 된다면 가까운 가족과 번갈아가며 자녀를 맡아주도록 하라.

| 때로는 부부만의 휴가를 계획하라 | 친척이나 친구들과 함께 휴가를 가라. 아니면 아이를 여름학교나 스키 스쿨에 등록시켜라. 양심의 가책을 느낄 필요는 없다. 엄마 아빠가 없는 시간은 아이들에게 사회적인 능력을 길러주고 시야를 넓혀준다.

팀으로 행동하라

부모는 당연히 교육 문제에 있어서도 서로 다른 생각을 가질 수밖에 없다. 그것은 사소한 문제에서 시작된다. 아빠는 아이를 업어서 집으로 데려가는 게 아무 문제없다고 생각하지만, 엄마는 다섯 살이면 가까운 거리는 스스로 걸어갈 나이가 되었다고 생각한다. 큰일에서도 마찬가지다. 엄마는 아이의 음악적 재능과 스포츠 재능을 키워주려 하지만, 아빠는 영어와 수학이 더 중요하다고 생각한다.

부모가 아이 교육의 목표에 합의하고, 그것을 자녀에게 전달하고, 그렇게 세운 규칙을 일관되게 지키는 것이 중요하다. "좋아, 우리 협상하자. 떡갈나무 있는 곳까지 안아줄게. 저기서 집까지는 혼자 걸어가는 거야. 약속했다?" "아빠랑 엄마는 공부와 취미, 둘 다 중요하다고 생각해. 하지만 학교를 마칠 때까지는 학업이 우선이야."

명확한 의사소통은 아이가 부모를 팀으로 인지하는 것을 쉽게 해줄 뿐만 아니라 부부에게도 득이 된다. 그에 반해, 부부 중 누구라도 상대방을 나쁜 사람으로 모는 것은 좋지 않다. "오늘은 안 돼. 엄마가 너 스스로 걸어가기를 원하잖아!" "왜 당신은 아이 공부에 신경 쓰지 않는 거야? 내가 항상 악역을 맡아야 하잖아." 차라리 이렇게 말하라. "아이가 내가 자신의 즐거움을 모두 빼앗으려 한다고 생각하지 않았으면 좋겠어. 그러려면 우리가 일관된 노선을 택하는 게 중요해."

러브토크 14

아이에게 좋은 매너를 가르쳐라

하인리히 호프만은 《더벅머리 페터》(역자 주: 아이들이 못된 버릇을 고치지 못해 무서운 벌을 받게 되는 이야기)에서 "아기 예수는 착한 아이에게만 크리스마스 선물을 준다."고 했다. 21세기에 이 말은 옛날이야기처럼 들린다.

어린이에게도 좋은 매너가 다시 요구되는 오늘날, 새로이 각광받게 된 오래된 교육의 이상 뒤에는 《더벅머리 페터》 때와는 다른 생각이 숨어 있다. 아이가 사소한 실수에 대해 사과하거나 엄마나 아빠가 신호를 보내야 식사를 시작해야 한다고 주장하는 부모들은, 아이의 의지를 꺾거나 왕자나 공주로 훈련시키려는 것이 아닙니다. 자녀의 의사소통 능력과 직업적으로 성공할 가능성을 염두에 두고, 아이들이 친절하고 세련된 태도를 내면화하기를 바라는 것이다. 부차적으로 좋은 매너를 위한 규칙은 가족의 정체성을 다진다.

부탁과 감사의 말을 가르쳐라

'미안해'와 '고마워'라는 말은 '자동차'나 '어머니'처럼 아주 쉽게 나온다. 그리고 아주 어린아이에게조차 기본 어휘에 속하는 말이다. 부모가 아이에게 귀감이 될수록, 아이가 부모와 놀면서 더 자주 듣게 될수록 그 말을 더 쉽게 입에 올린다. 아이가 '미안해요'와 '고마워요'라는 말을 잊었을 때 "주문을 말해야지?"라고 하면서 떠올리게 하는 것이 시대에 뒤떨어진 교육은 아니다.

아이가 가족 이외의 사람들에게 예의 바르게 행동하지 않는 경우, 이를 실제보다 더 나쁘게 부풀리지 말고 감사의 말을 직접 하라. "고마워, 마야. 그림책이 정말 예쁘구나. 오늘 저녁에 자세히 볼게." 중요한 것은 당신이 아이 대신 감사의 말을 할 때, 선물을 받고 뽐내는 아이가 아니라 선물을 준 친구에게 관심을 집중시키는 것이다. "마야는 정말 친절하구나. 너에게 그림책을 가져다주다니 말이야. 다음번에는 네가 '고마워'라고 말했으면 좋겠구나."

인사하는 법을 가르쳐라

어렸을 때부터 인사하는 법과 답인사 하는 법을 가르쳐라. 이때 상대방을 쳐다보고 웃으면서 이름을 불러야 한다. "안녕, 카롤리네." "안녕하세요, 뮐러 아줌마." 시선을 내리깔고 중얼거리듯 인사하는 것은 아무 말도 하지 않는 것보다는 낫지만 뭔가 부족하다. 특히 손님이나 방금 도착한 누군가에게 인사를 할 때는 존중의 의미로 자리에서 일어나야 한다는 것도 가르쳐야 한다. 이는 다른 집 아이들이 방문했을 때도 마찬가지다. 친구가 놀러왔는데도 계속 컴퓨터 앞에 앉아 있게 해선 안 된다. 현관으로 가서 친구에게 이렇게 인사하게 한다. "안녕, 다니엘. 반가워. 나 지금 게임하고 있는데 같이 할래?"

TIPS

손님에게 인사하는 법, 소개하는 법, 극장에서 얌전하게 앉아 있는 법, 선물 받는 법, 이 모든 것은 역할놀이를 통해 연습할 수 있다. 역할놀이를 하면서 아이들은 섬세한 감정과 감성이 강화된다. 다음과 같은 말을 하면서 역할놀이를 유도하라. "어떤 아이가 전학을 와서 서먹해 한다면 이렇게 하는 게 친절한 행동이야." "선물이 마음에 들지 않다면 이렇게 하는 게 예의 바른 행동일 거야."

기분 좋은 악수를 가르쳐라

악수는 언제나 나이든 사람이 먼저 청해야 한다. 이는 아이들이 어른에게 먼저 손을 내밀 필요는 없으며, 그래서는 안 된다는 것을 의미한다. 그러나 어른이 아이에게 손을 내민다면 악수로 답하는 것이 예의 바른 행동이다. 부득이한 경우에는 살짝 잡는 것으로 족하다. 그럼에도 아이가 악수를 거부한다면 웃으면서 말하라. "우리 더 연습하자."

가장 좋은 방법은 자녀에게 기분 좋은 악수가 어떤 것인지를 직접 가르쳐주는 것이다.

식사 예절을 배우는 것이 좋다

아이는 세 돌이 지나기 전에 식사 예절을 배우는 것이 좋다. 식사 전에 손을 씻고 음식을 씹을 때 입을 다물고, 손가락으로 음식을 잡지 않고 입에 넣은 것을 뱉지 않고, 식사 중에 돌아다니면 안 된다고 가르쳐라. 이런 예절을 배우는 데 시간이 걸리고 당장 실천하지 못한다 해도, 아이는 아주 어린 시절부터 식탁에서 하지 말아야 할 행동을 알게 된다.

늦어도 여덟 살부터는 성인과 동일한 식탁 매너가 적용된다. 부모나 손님이 포크를 잡고 나면 식사를 시작하고, 식사 중간에 말을 하지 않고, 음식을 흘리지 않도록 주의를 준다.

•

식탁에 차려진 음식을 존중한다

대부분의 아이들은 건강에 좋은 음식을 좋아하지 않는다. 교육자 크리스티아네 쿠틱Christiane Kutik은 "부모들은 몸에 좋은 식품을 사고 준비하고 식탁에 올릴 의무가 있다. 거기서 무엇을 먹고 얼마나 먹을지는 아이의 몫이다."라고 말했다. 자녀에게 원하지 않는 음식은 언제든 정중하게 거절해도 좋다고 알려주어라. "감사합니다. 하지만 저는 양배추를 좋아하지 않아요." "전 조개를 먹지 않아요. 죄송합니다." 그러나 절대 다음과 같은 표현을 하게 해선 안 된다. "윽, 구역질 나!" "이건 맛없어 보이는데, 엄마." "양파 넣었어요? 그럼 안 먹을래요." 싫어하는 음식이 나왔다고 불평하거나, 피자나 속을 채운 룰라드(역자 주: 작게 말아서 찐 고기)를 헤집고 자기가 원하는 것만 골라 먹게 하지 마라.

더불어 지혜로운 부모는 자녀가 편식을 하지 않도록 신경 쓴다. 어릴 적부터 식탁에 나오는 모든 음식을 티스푼으로 한 숟갈(그 이상이면 더 좋다)씩 먹어보게 하는 게 가장 좋다. 이런 규칙은 음식의 지평을 넓혀줄 뿐 아니라 새로운 것에 대해 열린 마음을 갖게 해준다.

어른들의 대화에 끼어들지 않는다

 부모가 다른 사람과 대화하거나 전화하고 있을 때 자녀가 끼어들지 않도록 가르쳐라. 그리고 부모의 말을 자르지 않도록 하라. 당신 역시 자녀가 뛰어들어 왔다고 해서 다른 사람과의 대화를 중단하지 마라. 대신 자녀와 비밀언어를 나누어라. 아이가 당신에게 뭔가를 원한다면 가볍게 팔이나 엉덩이를 건드리면서, 눈으로는 웃고, 입은 '아주 꼭' 다물고 고개를 끄덕여라. 아이의 손을 잡고 어깨에 팔을 둘러라. 그리고 대화의 주제가 하나 끝나면 이렇게 말하라. "잠깐만요, 헤어만. 소피가 나에게 뭔가 할 말이 있나 봐요."

서열을 지켜라

 직장이나 사회생활에서처럼 가족 내에도 서열이 있다. 예의 바르고 세련된 공동생활은 각자가 맡은 역할을 알아야 가능하다. 아이들은 자신의 욕구가 어른의 욕구에 우선하지 않는다는 것을 배워야 한다.
 가정에서는 부모가 모든 것을 책임지기 때문에 부모에게는 자녀들이 넘볼 수 없는 몇 가지 특권이 있다. 엄마와 엄마 친구들은 당연히 자동차 앞자리에 앉고, 열두 살의 톰은 뒷자리로 간다. 부모는 발코니와 욕실이 있는 커다란 방을 쓰고 열여섯 살의 넬레는 작은 방을 쓴다.

욕이나 유행어를 사용하지 않는다

"멍청한 할머니!" "이 멍청아!" "짱이야!" 거의 모든 아이들이 욕과 유행어를 사용한다. 전혀 아름답게 들리지 않는데도 말이다. 예절 교육을 위해 모욕적인 단어는 쓰지 못하게 하는 것이 좋다. "나는 그 말이 아주 뻔뻔스럽다고 생각해. 네가 그런 말을 쓰는 걸 원치 않아." 자녀에게 확실한 어조로 원칙에 관해 언급하라. 이때 화는 내지 않으면서, 그런 단어가 좋은 행실에 해가 되고 사람들에게 모욕을 준다고 말하라. 그리고 자녀에게 불쾌함을 언어로 어떻게 표현할 수 있는지 대안을 보여준다. 설명조로 "나는 너에게 아주 화가 났어. 왜냐하면……."이라고 하거나 명쾌하게 "그냥 내버려 둬!"라고 말하는 것이다.

TIPS

자녀가 유행어를 지나치게 사용하면 심각하게 말하라. "이 책이 네 마음에 든다는 말처럼 들리는데." 혹은 "그래, 이 티셔츠는 정말 예뻐. 특히 7부 소매가 그렇지." 이렇게 한다고 아이들이 유행어를 쓰는 것을 막을 수는 없겠지만, 뻔한 유행어를 달리 말할 수 있음을 배울 수 있을 것이다.

페어플레이 정신을 가르쳐라

축구에서든 연극 배역에서든, 이기는 것은 멋지고 지는 것은 즐거움을 반감시킨다. 좋은 예절은 이 두 가지를 아무렇지도 않게 받아들이라고 한다.

자녀에게 정정당당하게 이기고 품위 있게 지는 방법을 놀이를 통해 가르쳐라. 시합에서 이긴 사람은 자신의 성공을 자랑하지도 않고 진 사람을 비웃지도 않는다. 진 사람은 흐느끼거나 인상을 찌푸리지 않으며 불평도 하지 않는다(어쨌든 집에 갈 때까지는 그렇다). 이긴 사람을 축하해 주고 인정한다. "함께 경기해 줘서 고마워." "너희는 오늘 최고의 팀이었어." "너 정말 멋졌어!" 이기거나 졌을 때 어떻게 말해야 하는지는 (어떻게 말하면 안 되는지 역시!) 텔레비전에 나오는 스포츠 영웅에게서 잘 배울 수 있다.

더 나아가 자녀들이 무언가를 함께 나누고 교대로 하는 것은 페어플레이에 속한다. 예의 바른 아이는 과자를 친구에게 나누어주고, 오래 기다린 후에 타게 된 시소일지라도 조금만 타고서 다른 아이에게 내준다.

공동생활의 규칙을 가르쳐라

아이들은 친절하고 공정한 공동생활의 규칙이 언제 어디서든 통용된다는 것을 알아야 한다. 집에서, 다른 집에 손님으로 가서, 음식점에서, 학교에서 그리고 거리에서도. 당신 아이가 습관적으로 예의 바르게 행동할 줄 안다면 당신은 성공한 것이다. 훈련된 로봇처럼 기계적인 행동이 아니라, 본인의 의지로 자연스럽게 다른 사람에 대한 존경과 존중의 표현으로써 말이다.

TIPS

"그렇게 해서는 안 돼." "그것은 적절하지 않아."라는 진부한 표현은 자녀에게 아무 도움이 되지 않는다. 당신도 잘 알고 있을 것이다. 학교에서는 다른 예절이 지배하고 가장 친한 친구의 집에서는 규칙이 느슨하게 적용된다는 것을. 이럴 때는 가족의 규칙이라고 주장하면 신빙성이 있다. "우리 집에서는 그렇게 해." 혹은 더 정확하게 "엄마 아빠는 그걸 중요하게 여기는데."라고 말하는 것이다.

러브토크 15

예절로 양육하라

부모는 예절이라는 문제에 있어 아이에게 결정적인 역할을 한다. 그러므로 자녀에게 좋은 예절을 가르치려면 부모 스스로가 아이에게 요구하는 것을 지켜야 한다. 여기에는 부모가 자녀의 가치와 사적인 영역을 존중하는 것도 포함된다.

부모로서는 경계를 정하고 교육목표를 관철하는 것이 중요하다. 그러나 세 살짜리 아들이 슈퍼마켓에서 난리를 피우거나 열다섯 살짜리 딸이 몇 시간 동안 욕실을 독차지하고 있다고 해서, 부모가 화를 내거나 아이를 웃음거리로 만들 권리가 있는 것은 아니다. 누구도 아이를 웃음거리로 만들어서는 안 된다. 부모 역시 에의를 갖추어 저녀를 대하는 법을 배워야 한다.

지시사항을 친절하고 명확하게 표현하라

 이미 오래전부터 부모는 자녀의 욕구와 능력을 존중하면서 지시와 부탁을 명확하게 표현해 왔다. "왜 그렇게 항상 어지럽히니?" "왜 몸을 가만두지 못하니?" 하지만 예의 바른 부모는 이렇게 말한다. "네 옷가지를 욕실에 벗어놓지 않았으면 좋겠구나." "다른 사람의 옷을 더럽히지 않도록 조심해야지." 당신이 자녀의 관심을, 해선 안 되는 것이 아니라 해야 할 일로 돌린다면 명령문을 더욱 효과적으로 표현할 수 있다. "네 옷가지를 욕실에 놔두지 마라."가 아니라 "네 옷가지를 빨래통에 넣어주면 좋겠다."라고 말하라.

단둘이 있을 때 가르쳐라

 아이들 역시 자존심이 있다. 부모에게 경고나 벌을 받는 것은 아이에게 불쾌한 일이다. 그러므로 비판의 말은 다른 사람들이 안 보는 데서 해야 한다. 친구들이 보는 앞에서 새 티셔츠에 얼룩을 묻혔다고 아이를 비난하지 마라. 할머니 할아버지가 방문했을 때 아들이 시험을 잘 못 봤다고 나무라지 마라.
 아이가 잘못한 일을 스스로 인정하도록 할 때 역시 예절 규칙은 지켜져야 한다. "자, 이제 할아버지께 말씀드려봐. 네가 영어 시험에서 몇 점을 받았는지 말이야." 주도권 싸움으로 끝나는 상황을 다른 사람 앞에서 보이지 않는 것도 중요하다. 엄마와 여섯 살짜리 아들이 손님이 식사를 끝낼 때까지 식탁에 앉아 있어야 하는 것 때문에 실랑이를 벌인다면, 아이에게는 수치스러움을 남기고 손님에게는 곤혹스러움을 안겨줄 것이다.

비교하지 마라

"네 형 좀 봐라!" "우는 소리 좀 하지 마. 요나스는 얼마나 대담하게 뛰어오르니?" "샤를로테는 너보다 피아노 연습을 훨씬 더 많이 했어." 이런 말을 자주 듣게 되면 아이들은 영원히 스스로를 남과 비교한다. 아이는 요나스가 운동을 더 잘하고, 자기는 아직 음계와 씨름하고 있는데 샤를로테는 쇼팽의 소곡을 연주하고, 형이 자신보다 거의 모든 면에서 앞서가고 있다는 것을 알게 될 때 에고에 상처를 입는다. 그런데도 부모가 여전히 비교를 한다면 자녀는 그것을 공격이 아니라 배반으로 느낀다.

서로 다른 취향을 수용하라

부모는 가족의 생활양식을 통제하고 중요한 결정을 내린다. 하지만 사소한 일에 있어서는 아이들의 취향을 존중하는 게 좋다.

어떤 친구와 노는 걸 좋아하는지, 청바지를 딱 맞게 입는 것을 좋아하는지 헐렁하게 입는 것을 좋아하는지, 긴 머리를 좋아하는지 짧은 머리를 좋아하는지, 수업이 끝난 후에 숙제를 바로 하는지 조금 쉬고 나서 하는지 등, 친절한 부모는 옷이 날씨에 적합하고 숙제만 제대로 한다면 자녀의 개인적인 성향을 존중한다.

나아가 자녀의 친구나 질서에 대한 기준이 당신과 다르다는 사실을 인정하는 것도 중요하다. 아들 친구가 집에 와서 당신에게 인사도 하지 않고 아들 방으로 갔다고 하자. 이때 친구의 행동이 무례하다고 말한다면 아들은 당신 말을 조용히 들을 것이다. 그러나 자녀의 취향을 문제시하는 말을 하면 아들의 반감을 살 수도 있다. "네가 그 친구를 왜 좋아하는지 정말 이해할 수가 없구나."

그러나 아이가 나쁜 모임에 빠질까봐 걱정된다면 그건 전혀 다른 문제이다. 아이 친구가 담배를 피우거나 술을 마시고 학교에 빠진다면, 부모는 무엇 때문에 불쾌해지고 그 이유가 무엇인지를 말할 권리와 의무가 있다.

자녀의 사적인 영역을 존중하라

UN의 어린이 권리 조약 16조에는 이렇게 나와 있다. "누구에게나 자기만의 비밀과 삶을 유지할 권리가 있다. 아무도 우리의 사생활이나 편지, 전화 등을 함부로 엿보거나 간섭해서는 안 된다."

이는 자녀가 사생활에 대한 권리가 있음을 의미한다. 그래서 매너 있는 부모는 아이에게 온 편지나 이메일을 열어보거나 아이가 친구와 전화하는 것을 엿듣지 않는다. 그들은 자녀가 혼자 있고 싶어 하는 것을 존중하며 노크 없이 아이 방에 들어가지 않는다. 어떤 경우에도 서랍을 뒤지거나 일기를 읽거나 인터넷을 추적하거나 바지 주머니를 뒤지지 않는다. 단, 몇 가지 예외는 있다. 딸이 담배를 피거나 아들이 불법 소프트웨어를 다운받아 학교에서 파는 것이 걱정이 된다면 그리고 확실한 근거가 있다면, 이때만큼은 제대로 교육을 해야 할 의무가 있다.

더 나아가 자녀의 사생활을 다른 사람 앞에서 공개해서도 안 된다. 여섯 살짜리 아들이 아빠 가방에서 돈을 훔쳤다거나, 아홉 살인데도 천둥번개가 친다고 부모 침대로 달려왔다거나, 열두 살짜리 딸이 초경을 치렀다거나 하는 일은 엄마의 친구와 아무 상관이 없다. 아이들 스스로가 이야기한다면 상관없지만 말이다.

러브 토크 Q&A

Q 우리는 아이들의 예절을 중요시 해요. 하지만 아이들이 거친 말을 쓰거나 약속시간을 지키지 못한 것에 대해 스스로 사과하도록 하지는 못하고 있어요. 아이들에게 사과하라고 하면 마지못해 "죄송합니다."라는 말밖에 하지 않아요.

A 무언가를 잘못했다는 것은 자존심이 상하는 일입니다. 그래서 자녀들은 사과하라는 요구를 추가적인 굴욕으로 느낍니다. 하지만 아이들은 자신의

실수를 사과하는 법을 배워야 하죠. 가장 좋은 방법은 당신이 부모로서 어떤 실수를 했을 때 스스로 사과함으로써 (감정적인 과장 없이) 모범을 보여주는 것입니다. "성급하게 야단쳐서 미안해. 엄마를 용서해 주겠니?" 부모가 체면이 손상되지 않으면서 사과하는 방법을 보여준다면, 자녀들은 미안하다는 말을 점차 쉽게 입에 올릴 것입니다. 또 사과의 어색함을 없앨 수 있는 가족만의 화해 의식을 만드는 것도 좋습니다. 후회의 뜻이 담긴 "휴전할까?" "우리 다시 사이좋게 지내자."라는 말은 "나를 용서해줘."라는 말보다 쉽게 할 수 있습니다. 기억하세요, 중요한 건 화해의 제스처이지 정확한 표현이 아닙니다.

러브토크 16

상대방의 삶을 존중하라

자녀를 얻게 되면 많은 것이 달라진다. 한편으로는 주변 사람들에게 더 많은 이해를 구할 수 있고, 다른 한편으로는 새롭게 배려해야 할 일들이 생겨난다.

친구들과의 관계에서

친한 친구가 아이를 낳았다는 소식은 아직 아이가 없거나 이미 아이와 함께 힘든 시간을 보낸 사람들에게 복합적인 감정을 불러일으킨다. 친구가 부모가 되는 과정을 옆에서 지켜본 사람은 아이로 인해 많은 것이 달라질 수 있음을 안다. 이제부터 아이가 항상 같이 있게 될 것이고, 아이가 모든 상황을 지배하고 대화를 방해할 수 있다는 것을.

| 우정을 관리하라 | 어린아이와 함께해야 하기 때문에 전보다 유연성이 떨어진다. 그래서 친구의 전화에 이렇게 반응한다. "지금은 안 되겠다. 아기 우유 줘야 하거든." 그러나 정중한 반응은 이렇다. 전화해 준 것에 감사의 뜻을 전하고("네가 전화해 줘서 얼마나 고마운지 몰라.") 가능한 빨리 다시 전화하겠다고 약속하라. 그리고 며칠 내로 전화해서 친구에게 집중하라("네 얘기 무지 재미있을 것 같은데."). 초대와 약속에도 동일한 방법이 적용된다. 이런 통화는 아기가 자는 시간에 하라.

| 아이를 관심의 초점으로 만들지 마라 | 물론 당신의 자녀는 당신에게 가장 중요하다. 그러나 집에 손님을 초대하거나 다른 집에 초대를 받았다면 함께하는 사람들을 배려해야 한다. 친구네 집에 초대를 받아서 갔다면 아이 뒤치다꺼리만 해선 안 된다. 아이들은 어려서부터 엄마와 함께 있어도 좋지만 방해해서는 안 된다는 것을 배워야 한다. 지혜로운 부모는 사전에 자녀들과 어떻게 행동해야 할지 약속을 한다. "엄마는 친구를 기껏해야 두 달에 한 번밖에 못 만나. 그러니까 조용히 친구와 이야기를 하고 싶어."

| 혼란을 최소화하라 | 어린아이를 데리고 오는 손님은 집을 어지럽힐 수밖에 없다. 그것을 참지 못한다면 그런 가족을 초대해서는 안 된다. 그렇다고 초대받은 가족이 마구 어질러도 된다는 말은 아니다. 필요하지 않은 물건은 차안에 두고 꼭 필요한 것만 간단하게 챙겨라. 아름답게 차려진 식탁을 젖병이나 고무젖꼭지로 어지럽히면 안 된다. 무엇보다 집주인에게 아이 기저귀를 어디서 갈 수 있는지, 아이들이 어디서 블록놀이를 해도 되는지를 물어보고 양해를 구하라.

| 자녀에 대한 책임을 져라 | 당신 아들이 얼마나 멋지게 이층침대에서 미끄럼을 타는지 손님들에게 아홉 번이 넘게 보여주도록 내버려둔다거나, 딸이 옆집 정원의 딸기를 몽땅 따먹는 것을 그냥 쳐다보고만 있어서는 안 된다. 집주인이 당황해서 당신 아이에게 그만하라고 하기 전에 놀이를 끝내게 하라. 만약 아이가 무언가를 망가뜨렸다면 주인이 이렇게 말한다 해도 당연히 손해배상을 해주어야 한다. "아, 괜찮아요. 전부터 새 카펫을 사려고 했어요."

| 장난감을 준비하라 | 행동생리학자들은 자녀에게 비어 있는 시간을 잘 활용하는 법을 가르치라고 권한다. 병원 대기실에서 혹은 다른 집에 손님으로 갔을 때 아이들이 지루해 하더라도 부모가

양심의 가책을 느낄 필요는 없다. 이때 나무 블록이나 책, 퍼즐 같은 적당한 장난감을 주는 게 좋다. 하지만 그림도구나 장난감 권총은 적절하지 않다.

| 아이 관련 주제에 관해 이야기하라 | 그러나 그것에 관해서만 이야기해서는 안 된다. 대부분의 사람들은 아이와 함께하는 삶이 어떤지에 관심이 있다. 자신의 어린 시절을 떠올릴 수도 있고 나중에 아이를 가질 계획이 있을 테니 말이다. 하지만 대화가 이유식의 배합이나 아이 학교의 부당한 요구에서 뱅뱅 돌거나, 자녀가 없다면 삶의 행복은 생각할 수도 없는 것처럼 말하는 것은 좋지 않다.

다른 부모와 자녀에 대하여

모든 가족은 고유의 규율과 가치 시스템을 가지고 있다. 그래서 다른 가족과의 만남에서 비교와 질투, 갈등의 소지가 있다. 아이들뿐만 아니라, 부모들 사이에서도 눈에 보이지 않는 서열싸움이 치열하다. 누구네 아이가 더 빨리 걷고 더 잘 읽고 공을 더 잘 차는지, 어떤 가족이 더 이타적이고 인정받는 가족모델인지. 또 직장을 가진 엄마가 자녀를 돌보고 살림까지 하므로 더 인정을 받아야 하는지, 아니면 자녀를 위해 직업을 포기한 전업주부가 더 인정을 받아야 하는지.

다음은 모든 부모가 자녀를 위해 최선을 다하길 원하지만 전혀 다른 방법을 선택할 수 있다는 것을 명확하게 깨닫게 해준다.

| 상황에 맞게 적용하라 | 집에서는 통용되는 규칙이 다른 친한 가족과 함께 있을 때는 목소리 높여야 겨우 통하는 경우가 많다. 그런 상황에서는 주도권 다툼과 눈물이 뒤따를 수밖에 없다. 노련한 부모는 집안에서 통용되는 규칙을 상황에 따라 때론 무시한다.

| 모든 자녀에게 동일한 원칙을 적용하라 | 경우에 따라 놀러간 집의 가족이 우선권을 가지거나 친척들과 함께 휴가를 갈 때 특별한 규칙을 적용할 수도 있다. 이때 서로 다른 교육과 음식에 대한 생각을 형제들과 미리 합의해야 한다. 할아버지 집을 방문할 때 손자들이 텔레비전을 키거나 식사 전에 아이스크림을 먹어도 되는지를 미리 결정하는 것이다. 다른 집에서는 다른 규칙이 적용된다고 해서 아이들이 혼란스러워하지는 않는다. 이는 되레 아이들의 사회적 지평을 넓혀준다.

| 원하지 않은 만남은 정중하게 거절하라 | 함께 놀거나 숙제를 하자는 초대를 거절하는 것도 당신의 권리이다. 이때 거절의 이유를 상대편 부모의 자녀에 대한 칭찬으로 들리도록 표현하라. 아이의 어머니가 숙제를 별로 중요하게 여기지 않는다는 생각이 들면

이렇게 거절하라. "막스은 숙제를 아주 빨리 하더군요. 우리 아이는 숙제를 하는 데 시간이 많이 걸려요." 아니면 당신이 아이와 정한 규칙을 들어 거절하라. "아니타는 친구네 집에서 자는 걸 허락받으려면 그 집에 몇 번 놀러가봐야 해요."

| 가치관을 주장하는 토론을 피하라 | 빵의 내용물이나 전업주부와 맞벌이 엄마의 눈에 보이지 않는 싸움 등 교육이라는 주제에 있어서는 서로의 생각이 충돌한다. 예의 바른 부모는 민감한 교육 문제를 조심스럽게 다룬다. 자신의 입장을 살짝 비추고 의심스럽게 생각하는 점을 지나치듯 언급한다. 그리고 너무 늦기 전에 다른 주제로 넘어간다. 토론을 끝낼 필요는 없다. 예의 바른 사람은 다른 사람들이 다르게 살고 생각하고 교육하는 것을 존중한다.

| 다른 집 아이의 능력을 인정하라 | 부모라면 유치원 연극이나 테니스 시합에서 자기 아이가 얼마나 실력을 발휘하는지에 관심이 있을 것이다. 그럼에도 공정한 부모들은 다른 집 아이가 동화 속의 공주로 빛을 발하거나 능숙한 테니스 실력으로 자기 아이를 힘들게 하더라도 찬사를 아끼지 않는다. 어떠한 경우에도 유치원에 많은 후원금을 내서 자기 아이가 공주 역할을 하게 하거나, 테니스 시합 도중 야유를 보내서 여덟 살에 불과한 상대 아이를 불안에 떨게 하지 마라.

많은 사람들이 모인 자리에서

 사람들이 많은 자리에서 아이의 말을 들어줘도 좋다. 그러나 이때 공공규칙을 지키지 않으면 다른 사람들에게 불쾌감을 준다.
 아이를 동반한 가족이 주변 사람들에게 이해와 친절 그리고 작은 도움을 기대하는 것은 당연하다. 동시에 그런 가족이 공공장소에서 다른 사람의 자유를 존중하는 것 역시 당연하다. 아이를 아무리 사랑한다 해도 아이의 유아적 행동은 자제시켜야 한다. 이 말은 가족에게도 해당된다. 예절의 첫 번째 법칙은 다른 사람의 자유를 보호하라는 것, 두 번째 법칙은 스스로 자유로움을 보여주는 것이다.
 그래서 좋은 매너를 가진 부모는 자녀가 아직 잘하지 못하는 것을 대신 해준다. 예를 들어 사과를 하거나("아이가 일부러 공을 던진 건 아니에요. 아이에게 미안하다는 말을 하도록 더 훈련시켜야겠군요.") 음식점에서 다른 손님들에게 방해가 되지 않도록 한다("방해해서 죄송합니다. 이리와, 레니, 우리 테이블로 돌아가자. 다른 사람들은 조용히 이야기하는 걸 좋아하거든."). 다른 사람에 대한 의도적인 배려는 호감을 줄 뿐만 아니라 자녀를 위한 시청각 교육도 된다. 사람들이 서로를 어떻게 존중하는지를 보여주고, 다른 사람을 방해해선 안 되며, 자신의 희망과 욕구를 억제할 줄 알아야 한다는 것을 가르쳐주는 것이다.

선생님에 대하여

부모와 선생님은 같은 것을 원한다. 착하고 문제를 일으키지 않는 아이. 하지만 선생님을 비난하는 것은 아이들에게 호응을 불러일으킬 때가 많다. 어린아이들은 물론 비교적 성숙한 아이들 역시 마찬가지다. 여류작가 로테 퀸Lotte Kühn은 《발칙하고 통쾌한 교사 비판서》에서 "우리 마음의 저 깊숙한 곳에는 모든 계층과 나이를 넘어 선생님의 무능함에 대한 믿음이 존재하고 있다."고 분석하고 있다.

다음은 당신의 자녀를 가르치는 선생님에게 친절하게 대할 수 있는 몇 가지 제안이다.

| 선생님에 관해 이야기할 때 별명을 사용하지 마라 | 자녀가 자기 선생님에 대해 이야기할 때 별명을 부르기도 한다. 별명이 모욕적이거나 성적인 것이 아니라면 특별히 반대할 이유는 없다. 하지만 당신은 존칭을 정확하게 사용하라. 이는 선생님에 대한 존경심을 보여주는 것이며, 자녀에게는 당신이 진지하게 선생님을 공동 교육자로서 여기고 있음을 인지시켜준다. 나아가 성인의 세계와 자녀의 세계에 차이가 있음을 보여준다.

| 선생님을 나쁘게 이야기하지 마라 | 학교나 선생님을 싸잡아서

비난하지 마라. 딸이 있는 데서 다른 반 선생님이 영어 진도를 훨씬 많이 나갔다는 사실에 흥분하지 마라. 아들로 하여금 국사 선생님이 갑자기 쪽지시험을 본 것이 부당하다는 생각을 갖게 하지 마라. 필요하다면 담당 선생님과 대화를 시도하라.

| 상담시간을 지켜라 | 저녁에 무작정 선생님 집으로 전화하거나 우연히 슈퍼마켓에서 만나 질문을 퍼부어대는 건 좋지 않다. 정해진 상담시간에 짬을 낼 수 없다면 개인적으로 선생님과 약속을 정하라.

| 감사를 표현하라 | 대부분의 선생님들은 자녀에게 무언가를 준다. 비록 당신이 원하는 것은 아닐지도 모르지만 그게 무엇이든 아이에게 유익하다. 예의 바른 부모는 선생님이 자녀의 경험을 어떻게 확장시켜주는지 안다. 그리고 그에 대한 감사를 표현한다.

| 자녀가 선생님과 함께 잘 지내도록 도와주어라 | "선생님이 별로 숙제를 내주었어요. 정말 말도 안 돼요. 나는……." 당신이 선생님의 교육 방식에 확신이 없다 할지라도 분노하며 이렇게 말하지 마라. "그건 심한 처사인데!" 대신 중립적으로 물어라. "그러면 우리가 어떻게 할 수 있을까? 뭐 좋은 생각 있어?" 추측컨대 아이는 아주 많은 생각을 할 것이다. 엄마가 선생님에게 별로 내준 숙

제가 부당하다고 말해야 한다는 것에서부터 선생님을 달로 보내 버리고 싶다는 심정까지. 당신이 그 생각을 차분히 들어준다면 ("그거 좋은 생각이네. 또 다른 건?") 계속해서 제안을 할 것이다. 작은 훈련으로 당신은 자녀의 독자성과 사회적 능력을 키워주고, 선생님에게 등을 돌리지 않도록 할 수 있다.

직장에서

　자녀가 생기면 직장의 비중이 달라진다. 저녁까지 이어지는 회의가 비효율적이란 생각이 들고 주말에 다른 약속을 잡지 않는다. 전에는 회사를 위해 온몸을 바쳐 일했다면 이제는 아이가 우선이 된다. 사람들은 대개 어린아이가 있는 직원이 자녀가 없거나 아이들이 다 성장한 직원과 다르게 대접받는 것을 당연시한다. 하지만 그렇다고 업무처리에 부족함이 있어선 안 된다. 고객이나 상사, 동료에게 피해를 줄 수 있기 때문이다. '일한 만큼 돈을 받는다'는 원칙은 '돈을 받은 만큼 일한다'는 의미이기도 하다.

| 사생활을 지속적인 주제로 삼지 마라 | 새로 태어난 아기는 분명 사람들 사이에 화제가 된다. 아기 사진도 책상 위에 올려놓고, 고객이나 상사들과 전에는 존재하지 않았던, 아이라는 공통점을 발견하게 된다. 그래도 개인적인 이야기는 적당히 하는 것이 좋

다. 가령 임신했을 때 이런 말을 자주 들을 것이다. "아침마다 힘들지? 내가 아이를 가졌을 때는……." 이에 대한 바람직한 답변은 이렇다. "고마워, 오늘은 컨디션이 아주 좋아. 내가 정말 걱정되는 건 우리 웹사이트에 방문자 수가 점점 줄어든다는 거야."

| 육아휴직 동안에도 최신 정보를 파악하라 | 회사 이메일 공유기에 자료를 저장해 달라고 부탁하라. 그리고 할 수 있는 데까지 회사 내부 정보를 파악하라. 팀원에게 자주 전화하여 프로젝트 진행 상황을 확인하라. 또한 당신이 언제든 업무에 관한 질문에 답할 수 있다는 것을 보여주어라. 중요한 고객과 계속 연락을 유지하고, 한 달에 한 번 정도는 커리어우먼 복장으로 아이 없이 사무실에 들러라. 그리고 가장 최근 일어난 변화에 관해 물어보라. 그런 관심을 보이면 다시 업무를 시작하는 것이 쉬워질 뿐 아니라, 당신을 위해 자리를 비워놓은 사장에게 좋은 인상을 준다.

| 솔직하게 행동하라 | 유치원이 8시 반이 돼서야 문을 연다면 중요한 회의에 늦을지도 모른다. 예의 바른 부모는 자신이 지각한 것을 동료들이 눈치 채지 못하게 잔머리를 굴리지 않는다. 대신 솔직하게 말한다. 가장 좋은 것은 해결책을 함께 제안하는 것이다. "가끔 9시 15분경에 사무실에 도착할 거예요. 부족한 시간을 저녁에 대신 해도 될까요?"

| 특별한 취급을 기대하지 마라 | 화합이 잘되는 팀이라면 동료들 스스로 당신의 변화에 배려를 해줄 것이다. 회의가 저녁 늦게 끝난다 해도 과장해서 불평하지 마라. 일주일에 한 번 정도는 오후나 이른 저녁에 시간을 낼 수 있도록 배우자와 시간을 조정하는 것이 좋다.

| 연락이 닿게 하라 | 물론 모든 일과 모든 사람을 위해서는 아니다. 보모나 자녀가 당신에게 전화해도 좋지만, 아이들에게 무엇이 중요하고 중요하지 않은지를 구분할 수 있도록 가르쳐라. 중요한 문제를 결정할 때는 전화가 아니라 집에서 해야 한다는 것을 확실하게 알려주는 것이다. 그리고 당신이 사무실에 있는 동안에는 아이들에게 이메일이나 문자 메시지로 연락하도록 하라.

| 권리를 남용하지 마라 | 아이가 아프면 부모는 특별휴가를 받는다. 그러나 자녀가 많이 아프다 해도 사무실을 완전히 비워서는 안 된다. 생각이 깊은 사람이라면 집에서 전화로 업무를 처리하고 이메일에 전문적인 답변을 해준다. 그리고 자신이 꼭 필요한 경우에는 낮에 사무실에 잠깐 들른다.

chapter 6
배우자 가족과 잘 지내기

다양한 가족 관계는 삶을 풍요롭게 한다. 그러나 아내의 형제와 함께할 수 없을 때, 시어머니가 매주 토요일마다 집에 오길 바랄 때 불만이 생기기도 한다. 서로의 가치와 인생관이 부딪칠 경우 좋은 해결책을 찾을 수 있는지의 여부는 부부의 사교적인 능숙함에 달렸다.

우리가 사랑하는 사람은 대부분 옵션이 붙어 있다. 부모와 형제, 조카, 오래된 친구들……. 운이 좋다면 그들은 우리 삶을 풍요롭게 하고 우리의 사랑에 확고한 지지대가 되어준다. 하지만 그렇다 하더라도 그들과의 관계가 그리 쉬운 것은 아니다. 그들은 우리가 얼마나 호감을 느끼는지와는 상관없이 더 오래된 권리를 주장하며 중요한 일에 참견한다. 파트너가 이혼 경험이 있을 경우에는 더욱 어렵다. 아마 자녀들 역시 문제가 될 것이다.

배우자와 관계를 맺으면서 생겨난 이 사람들은 우리가 선택한 것이 아니다. 어느 누구도. 게다가 그들은 주변 인물로만 머무르지 않는다. 우리 삶에서 가장 중요한 사람이 그들을 사랑하거나 과거에 사랑했기에 혹은 그들에게 책임을 느끼기에, 당신 역시 그들과 긴밀한 관계를 맺어야 한다. 이 장에서는 가족 구성원을 일관성 있고 예의 바르게 배려하는 법을 배우게 될 것이다.

러브 토크 17

협조하라

배우자의 부모나 형제 또는 오래된 친구들과의 관계에 문제가 있다면 그 이유는 대개 우리가 배우자의 가족과 힘든 경쟁을 벌이기 때문이다. 물론 누구도 이 사실을 소리 내어 말하지 않지만 우리는 그것 때문에 싸운다. 배우자가 누구에게 가장 관심이 많은가? 남편이 누가 만든 음식을 가장 즐겨 먹는가? 아내가 누구의 조언을 맹목적으로 신뢰하는가? 남편에게 밤낮으로 전화하는 사람은 누구인가? 기분이 언짢고 화가 났을 때 아내는 누구의 유머를 듣고 기분이 풀리는가?

당신이 사랑하는 사람을 둘러싼 비밀스런 경쟁을 끝내는 아주 단순한 비법이 있다. 바로 관계 규명을 명확하게 하는 것이다. 배우자에게 '당신이 지금 나에게 가장 중요한 사람'이라는 확신을 주어라. 동시에 배우자가 당신 가족으로 하여금 '당신들도 계속 우리에게 중요한 역할을 할 것이다'라는 느낌을 갖게 해준다면 더욱 좋다.

통일성을 형성하라

　배우자가 당신 가족과 얼마나 잘 지내느냐와는 상관없이 부부는 하나의 통일성으로 인식된다. 부부가 최고의 우선권을 가진다는 말이다. 하지만 당연히 부모와 형제자매 그리고 자녀들이 계속해서 엄청나게 중요한 관련 인물이 된다. 그들은 가족이라는 오케스트라에 새 수석 바이올리니스트가 들어왔다는 사실을 받아들여야 한다. 오케스트라 내부에 변화가 일어나고 소리도 변한다는 사실을 말이다.

　| 당신 가족으로 하여금 바뀐 습관에 익숙해지게 하라 | 부부는 싱글과는 다르게 산다. 부모님 집을 방문하는 시점이 달라질 것이고 여동생과의 통화는 짧아질 것이다. 친구들도 전처럼 즉흥적으로 만나지 않을 것이다. 그 전에는 친한 친구와 많은 얘기를 했다면 이젠 배우자하고만 의논하는 부분들이 있다.

| 부모의 도움을 포기하라 | 결혼하고 첫해에는 양가 부모님 집에서 너무 가까운 곳에 살지 않는 것이 좋다. 시어머니가 계속해서 남편의 셔츠를 다림질해 주고 장인이 소득세 신고를 해준다면 편할 것이다. 하지만 결혼을 한 후에도 부모에게 계속 의존해선 안 된다. 본가와 친정으로부터 멀리 떨어진 곳에서 부부로서의 독립성과 친밀함을 발전시켜 나가라. 그러면 가족들은 당신 부부를 성장한 커플로 인지하게 될 것이다.

TIPS

당신의 초인간적인 인내를 요구한다 할지라도 상대방이 있는 데서 상대방 부모에 대해 불평하지 마라. 상대방은 자기 부모가 보낸 성의 없는 선물에 당신이 서운해 한다는 것을 안다. 그러니 그 주제를 크리스마스나 생일 때마다 거론하지 마라. 배우자가 당신의 입장을 이해한다 해도 얼마 안 가서 자기 부모를 변호하게 될 것이다. 그는 자기 부모의 태도를 설명해야 할 책임을 느끼기 때문이다.

같은 목표를 추구하라

남자는 부모님 댁에서 식사를 할 때 조금만 먹겠다고 약속했다. 의사가 체중을 감량해야 한다고 했기 때문이다. 그러나 시어머니는 꿀을 발라 구운 오리와 감자를 넣은 크림그라탕을 내온다. 남자는 여자의 눈짓은 전혀 신경 쓰지 않고 시어머니가 벌써 세 번이나 덜어준 음식을 기꺼이 먹어치운다. "당신 저녁에 다이어트를 다시 시작해야겠군요." 여자가 말한다. 그러자 시어머니는 며느리에게 몸을 돌리고 말한다. "우리 집에서는 배불리 먹지 않고 식탁에서 일어나는 법이 없다."

배우자와 당신 가족이 서로 얼마나 잘 지내는지는 당신에게 달렸다. 당신은 양쪽을 결합시키는 유일한 사람이다. 당신이 없다면 그들은 아마 식탁에 함께 앉을 일이 없을 것이다. 그러므로 남편 혹은 아내와 약속을 했다면 신의 있게 지켜라.

- 부부가 며칠 전부터 친구들과 함께 보낼 주말여행을 계획했다면 아무리 바빠도 여행을 취소하지 마라.
- 올해 돈을 적게 쓰기로 했다면 언니나 동생과 쇼핑할 때 한도를 넘기지 마라. 여동생이 자기라면 절대 그런 감시를 받지 않을 거라며 당신을 비난할지라도.

부부로서 같은 목표를 추구하는 것은 생각보다 어렵다. 배우자의 편을 들면 부모와 형제들이 질투를 하게 되는데 이를 참아내야 한다. 부모가 이해하지 못하거나 공격을 하면 견디기 힘들기 때문에 익숙했던 과거의 모습으로 돌아가서 결국 하지 말아야 할 행동을 하게 된다. 바로 가족을 위해 배우자를 공격하는 것이다.

유감스럽게도 지금 당장 가장 쉬워 보이는 그 길이 부부의 행복에 다른 어떤 것보다 나쁜 영향을 끼친다. 부부가 함께 어떤 계획을 세웠다면 두 사람이 서로 돕는 것이 예의 바른 행동이다. 어떤 유혹이 있다 할지라도. 그러므로 남자는 어머니가 음식을 계속 덜어주는 것을 거절해야 한다. "고맙지만 됐어요. 더 안 먹을래요. 엄마도 알다시피 몸무게를 줄여야 하거든요." 이때 다른 가족에게 상처를 줄 필요는 없다. 그냥 이렇게 덧붙이면 된다. "하지만 이건 좀 더 먹을래요. 엄마만큼 이걸 잘 만드는 사람은 없거든요."

'우리' 형태로 이야기하라

당신 부모가 아무리 손자를 원한다 해도 아이 문제는 부부가 함께 결정해야 한다. 어머니가 당신과 가까이 살고 싶어 하더라도 남편이 지방에 있는 회사의 스카우트 제안을 받아들이는 것을 이해해야 한다.

이런 결정 때문에 다른 가족들의 원성을 살 수도 있다. 그래서 배우자에게 모든 책임을 떠넘기고 싶기도 할 것이다. 그러나 그렇게 하면 가족에게 배우자를 밉보이게 하는 결과를 낳는다. 그런 결정은 부부 각자가 자기 가족에게 직접 말하는 게 예의이다. '우리'의 형태로 부부가 함께 내린 결론임을 표현하는 것이 훨씬 좋다. 이렇게 말하는 사람들도 있다. "저는 어머니 아버지가 손자를 얼마나 원하는지 알고 있어요. 그러나 니콜은 박사과정을 밟는 동안 아이 때문에 부담을 느끼고 싶어 하지 않아요." 하지만 예의 바른 사람은 이렇게 표현한다. "우리는 어머니 아버지가 얼마나 간절히 손자를 기다리는지 알고 있어요. 그러나 우리는 니콜이 박사 과정을 끝낸 후에 가족을 이루고 싶어요."

예의 바르게 대하라

　가정연구가 칼란드라 브리앙트 Chalandra Bryant의 연구결과는 다음과 같다. 배우자의 부모는 큰 영향력을 가지고 있다. 양가 부모는 이십 년까지는 부부 관계의 행복에 영향을 미친다. 부모와의 관계가 좋다면 결혼이 행복하게 느껴질 가능성이 높다. 그러나 배우자 가족과 갈등이 잦으면 덜 행복하게 느낄 수밖에 없다. 그러므로 배우자 가족과의 관계에 노력을 기울여야 한다.

관심을 보여라

　당신이 배우자의 가족을 마음으로 받아들였든 아니든, 그들은 당신 생각 속에 존재하고 당신 부부의 계획에서 중요한 역할을 하며 당신으로부터 배려를 받을 권리가 있다. 백악관의 전 사교담당 비서이자 미국의 에티켓 전문가인 레티티아 볼드리지Letitia Baldrige는 다음과 같은 기본 원칙을 권했다.

| 당신보다 오래된, 배우자 부모의 권리를 존중하라 | 배우자의 부모는 그를 키웠고 개성을 부여했으며 많은 시간을 함께 보냈다. 그들이 계속해서 그의 삶에 들어오는 것은 정상이다. 그리고 영향력을 발휘하고 싶어 하는 것 역시 당연하다.

| 규칙적으로 전화나 이메일로 소식을 전하라 | 일상에 관한 사소한 이야기를 하면서 당신이 마음을 열고 있음을 보여주는 게 좋다. 새로운 소파가 배달되었다, 손녀가 반에서 받아쓰기를 제일 잘했다, 남편이 독감에 걸렸다, 선인장에 꽃이 피었다 등등.

| 생일을 챙겨라 | 중요한 기념일을 메모하라. 배우자를 통해 인사를 전하는 것으로는 부족하다.

| 관심을 가져라 | 가족들의 취미와 관심사, 삶에 관심을 보이고 그들의 건강을 챙겨라. 시아버지가 낚시를 한다면 금속미끼나 릴 같은 용어가 무엇을 의미하는지 알아두는 게 좋다. 시어머니나

장모가 당뇨가 있다면, 언제부터 혈당이 문제가 되었는지 피자 한 조각은 얼마나 많은 탄수화물을 포함하고 있는지 알고 있어야 한다.

| 긍정적인 것에 통찰력을 키워라 | 칭찬은 관계를 촉진시키고 사람들에게 좋은 감정을 불러일으킨다. 시어머니가 만든 크리스마스 쿠키에 감명 받았다고 말하거나 장인이 찍은 사진을 칭찬하라. 다양한 관찰을 통해 의도적으로 긍정적인 부분을 찾아낸다면, 어떤 점을 인정하고 칭찬해야 할지 쉽게 알 수 있을 것이다.

| 배우자 가족과 독자적인 관계를 발전시켜라 | 장모가 관심을 가질 만한 신문기사를 스크랩하라. 동서와 운동 약속을 하고 회사 생활에 대해 물어보라. 이런 작은 관심은 비용도 들지 않고, 당신이 배우자 가족을 삶의 일부로 받아들이고 있음을 보여준다.

| 조언을 구하라 | 부모들은 자녀의 배우자로 인해 자신들이 뒷전으로 밀려날 거라고 생각한다. 이런 두려움을 없애주고 그들의 조언을 정중하게 들어라. 배우자의 부모에게 어떤 일에 관한 정보를 구하면 더 좋다. "증시 상황이 어떤가요?" "직장을 다니면서 아이를 어떻게 잘 키울 수 있으셨어요?"

| 갈등을 예의 바르고 분명하게 알려라 | 좀 심하다 싶은 부분은 흥분을 가라앉힌 후에 조용히 사무적으로 이야기하라.

| 배우자의 부모에게 나이를 들먹이지 마라 | "아, 그걸 이해하지 못하셨군요."라던가 "세대가 다르니까요."라는 표현은 아주 무례하다.

TIPS

배우자의 가족이 있는 자리에서 절대 배우자를 비판하지 마라. 아내가 일을 그만두면 자녀를 위해 더 많은 시간을 낼 수도 있다. 아내의 부모도 같은 생각을 하고 있고 아내에게 말할 수도 있다. 그래도 아내를 비판하지 마라. 어떤 부모도 자기 자녀를 문제시하는 사람은 좋아하지 않는다. 농담을 넘어서는 것은 보호본능을 자극하기 때문이다.

배우자 가족과 하룻밤 보내기

배우자의 부모와 한 지붕 아래서 온종일 함께 보내는 것은 복잡한 일이다. 평상시에 멀리 떨어져 살고 나이가 들면서 성격이 더 까다로워졌다면, 부모님 댁에서 벽을 맞대고 자거나 종일 편하고 기분 좋은 척하는 것은 힘들다.

명확한 약속은 잠재적인 분쟁의 소지를 없애준다. 가장 중요한 원칙은 부모님 댁에서 자거나 함께 휴가를 보내는 일은 배우자와 합의한 후에 정해야 한다는 것이다. 얼마나 오래 머물지 역시 마찬가지다.

| 배우자 부모님이 우리 집을 방문할 때 |

- 배우자의 부모에게 환영받고 있다는 느낌을 주어라. 날짜를 정하고 함께 있을 수 있도록 시간을 내라. 부모님이 집에 왔는데도 분주하게 돌아다니거나 일이 있다고 핑계대지 마라.
- 당신이 꼭 해야 할 일을 사전에 알려주어라. 그러면 당신이 토요일 아침식사 후에 사무실로 간다 해도 도망가는 것처럼 보이지 않을 것이다.
- 손님방이 없다면 당신 침실을 제공하라.
- 침대 시트를 새로 바꿔라(침대 시트를 침대 위에 얹어놓는 것으로는 부족하다).
- 식사를 어떻게 할지 계획하고 미리 장을 봐두어라. 장인이 요리를 잘하면 한 끼 정도는 맡겨도 좋다. 장모가 당신이 즐겨 찾는 음식점에 가고 싶어 한다면 그렇게 하라. 손님들이 즐겁게 느끼는 게 중요하지, 매번 음식을 직접 준비해야 예의에 맞는 것은 아니다.
- 가벼운 과제를 줘라. "와인 좀 따주시겠어요?" "샐러드 소스 좀 만들어주실래요? 어머니 집에서 먹은 소스가 정말 맛있었어요." "세탁기가 요즘 이상한 소리를 내요. 내일 한번 봐주

시겠어요, 아버님?"
- 멀리 사는 배우자의 부모를 당신의 삶에 초대하라. 장모에게 토요일 오후에 피트니스 센터에 함께 갈 생각이 있는지 물어보라. 평상시 해오던 대로 아이의 친구들이 집을 오가게 하라. 어린 자녀가 있다면 부모에게 아이를 맡기고 둘이서 오붓하게 하룻밤을 보낼 수도 있다. 할머니 할아버지는 자주 보지 못하는 손자를 독점할 수 있을 것이다.

| 배우자의 부모님 댁에 손님으로 갈 경우 |

- 배우자 부모의 생활리듬에 맞추어라. 식사시간에 늦지 마라. 욕실은 가능한 짧게 사용하라. 부모가 자러 간 후에 밤새도록 텔레비전 앞에 앉아 있지 마라. 가족들처럼 편하고 단정하게 입어라.
- 짐을 잘 정리해 넣은 가방을 가지고 가라. 깨끗하게 정리된 부모님 댁을 자신의 물건이나 아이들 장난감으로 정신없게 만들지 마라.
- 대화할 마음의 준비가 되어 있음을 보여주어라. 노트북이나 휴대전화, 아이팟은 당신의 일상에 속하는 물건이다. 하지만 부모님 댁에서도 이것들을 붙들고 있다면 당신은 그 뒤에 숨어 있는 것처럼 보일 것이다. 책이나 잡지 역시 덜하기는 하지만 마찬가지다.

- 당신이 쓴 방과 욕실을 정돈하라.
- 집안일을 도와주어라. 식탁을 차리거나 새로운 프린터 소프트웨어를 설치하는 것도 좋다. 배우자의 부모가 나이가 많다면 잔디 깎기나 지하실 청소, 가지치기 등 실제적인 도움을 주는 게 좋다. 그러나 부모가 당신의 도움을 거절한다면 존중하고 삼가라.
- 작별할 때 했던 감사의 말로는 부족하다. 집에 돌아오자마자 전화를 하라. 무사히 도착했다는 것을 알리고 다시 한 번 친절하게 대해 준 것에 감사의 뜻을 전하라.

TIPS

섹스는 하지 마라. 성인에게 사랑의 행위는 두 사람 사이의 은밀한 무엇이다. 그러므로 부모님과 문을 맞대고 자는 경우 섹스는 포기해야 한다. 성인의 사랑은 그에 걸맞은 순간이 있다.

조부모와 손자의 관계를 적절하게 조율하라

손자의 탄생과 함께 배우자의 부모와 며느리 그리고 사위의 관계는 새로운 국면에 접어든다. 새로운 아이에 대한 사랑이 서로를 연결해 주고, 냉정해 보이는 장모가 사랑스런 할머니임이 증명되기도 한다. 처음에는 별로 인정받지 못하던 사위도 손자의 아버지로서 가치가 상승한다. 동시에 이러한 새로운 역할은 새로운 분쟁의 소지를 포함하고 있다. 가령 할아버지 할머니가 교육에 개입하고 손자를 더 자주 보고 싶어 한다. 또는 당신들이 베이비시터로 이용당한다고 생각할 수도 있다. 조부모와 손자들의 접촉을 적절하게 조율하는 것 역시 좋은 매너에 속한다.

- 배우자의 가족이 당신 자녀를 자주 정기적으로 볼 수 있게 배려하라. 부모가 다른 도시에 산다면 사진이나 이메일, 전화 혹은 웹캠 등으로 연락을 하라.
- 배우자의 부모가 아기를 봐주는 것을 당연하게 여기지 마라. 당신과 배우자 부모가 같은 날 약속이 있다면 부모의 계획을 우선시하라. 무엇보다 양가 부모가 자신들의 삶을 즐기며 아이 봐주는 것을 원하지 않는다면 그 뜻을 존중하라.
- 자녀들이 듣는 데서 상대방 부모를 비난하지 마라.
- 배우자의 부모에게 아이들 교육이 그들과는 아무 상관이 없다고 말하지 마라. 물론 당신 딸을 할아버지가 주장하는 학교에 보낼 필요는 없다. 그러나 할아버지의 제안을 존중하고 거절의 이유를 잘 말하는 것이 예의 바른 행동이다.
- 배우자의 부모가 손자들이 예의 바르게 식사해야 하고 대화를 독점해선 안 되며 고맙다는 말을 해야 한다고 주장한다면, 이를 도움으로 받아들여라. 당신의 교육방식에 대한 비

판으로 받아들이지 마라.

- 당신이 배우자의 부모에게 얼마나 화가 나 있던지 간에, 절대 조부모와 손자 사이의 만남을 제한하지 마라. 만약 그렇게 한다면 당신은 자녀를 저당물로 이용하는 셈이 된다. 이 규칙은 이혼이나 배우자가 죽은 후에도 동일하게 적용된다.

러브 토크 19

방해물을 피해 가라

모든 가족은 고유의 전통과 예절, 세계관, 의식을 가진 문화공동체를 형성하고 있다. 그러므로 양쪽 가족은 생활양식과 예절방식에 있어서도 다를 수밖에 없다. 양쪽이 비슷한 사회계층 출신이라 해도 말이다. 서로 다른 생활양식과 습관을 의식적으로 알아챌수록, 당신은 더 유연하게 적응할 것이고 더 빨리 새로운 가족에 속하게 될 것이다. 다음은 가족이라는 공동체 생활에 방해물로 작용하는 요소이다.

먹는 것과 마시는 것

긴 식탁에 둘러앉아 좋은 음식을 즐기고, 와인은 유리잔 속에서 반짝인다. 가족으로서의 소속감과 삶의 기쁨을 이보다 더 아름답게 표현하지는 못할 것이다. 그럼에도 불구하고, 아니 바로 그렇기 때문에 식탁은 쉽게 위험지역이 된다. 먹는 것을 위해 얼마나 많은 돈을 지불하는지, 누가 요리하는지, 냉동식품을 실용적이라고 생각하는지 금기시하는지, 술을 즐기는지 건강을 해치는 것으로 생각하는지, 그 뒤에는 가족마다 고유의 전통과 생각이 숨어 있다. 그래서 서로 다른 인생관은 가족이 많은 시간을 함께 보내는 식탁에서 가장 빨리 드러난다. 다음과 같은 규칙이 그 간극을 메워줄 수 있다.

| 초대한 사람이 결정권을 가진다 | 초대한 사람이 기본적인 것, 즉 식사 시간과 메뉴, 음료수 종류 등을 결정한다. 그 사람은 당연히 손님들이 좋아할 만한 음식인지 소화가 잘되는 음식인지를 고려할 것이다. 또한 시어머니나 장모처럼 영양가가 풍부하게 요리하거나, 동서들처럼 많은 돈을 써야만 예절에 맞는 것은 아니다. 남편이 당신보다 요리를 더 좋아하고 잘한다면 굳이 당신이 며느리로서 요리와 살림을 완벽하게 하고 있다는 것을 보여줄 필요는 없다.

| 좋아하지 않는 것을 말하라 | 당신이 마늘이나 탄산수를 좋아하지 않는다면 조용히 알려라. 당신 역시 가족의 일원이기 때문이다. 좋아하지 않거나 즐기지 않는 식품 목록을 짧게 만들어서 건네는 것도 좋다.

| 유연성 있게 처신하라 | 배우자 가족이 채식주의자일 수도 있다. 아니면 손님이 와도 아무런 음식을 준비하지 않을 수도 있다. 어떤 경우든 차려진 음식에 만족하라. 배우자의 가족들이 당신 집에 손님으로 오게 되면, 자연스럽게 당신이 어떤 것을 중요시하는지 알게 될 것이다.

| 술을 자제하라 | 손님으로든 주인으로든 배우자의 가족과 함께 있는 자리에서 술을 너무 많이 마시지 마라. 다른 가족들보다 더 많이 더 빨리 마시지 마라. 가족들이 식사할 때 기껏해야 맥주 한 잔 마시는 정도라면 와인 두 잔도 많다고 느낄 수 있다.

흡연 문제

 흡연 문제는 아주 단순하다. 가족들이 모두 담배를 싫어하거나 비흡연자라면 담배를 피워도 좋은지 물어볼 필요조차 없다. 야외에서는 피워도 괜찮을 것이다. 그러나 다른 가족들이 테라스에 앉아 있다면 삼가는 게 좋다. 당신 집에 가족들이 방문했을 때 역시 담배를 포기하라. 잊지 마라. 흡연자의 이미지는 계속 하락하고 있다.

반대로 당신은 담배를 피우지 않는데 가족들이 담배를 피운다면 특별한 규칙은 없다. 다만 가족들이 당신 집에 놀러왔을 때 대놓고 집에서 담배를 피울 수 없다고 말한다면 조금 무례해 보일 수 있다. 필요한 경우 배우자에게 말해 달라고 부탁하라.

가족 중 누군가가 당신이 있는 데서 담배를 피운다 해도 불쾌감을 드러내지 마라. "담배 피우는 게 불편한가요?"라는 정중한 질문에는 솔직하게 말해도 좋다. "솔직히 말하면 그래요. 우리 테라스로 자리를 옮기는 게 어떨까요?" 그러나 당신이 아이를 갖게 된다면 새로운 규칙이 적용된다. 어린아이와 함께 할아버지나 삼촌네 집에 방문했을 경우 그들은 당연히 담배를 피워선 안 된다.

금기시되는 일

모든 가정에는 입 밖에 내서는 안 되는 단어나 깨서는 안 되는 전통처럼 금기시되는 일과 언급해서는 안 되는 주제가 있다. 식사하는 동안 직장 문제나 건강 문제에 관해 이야기하는 것은 좋지 않다. 그리고 처녀의 출산이나 성직자의 독신을 화두로 삼는다면 시어머니가 모욕을 느낄 수도 있다. 누군가 아이를 가졌다는 말은 조용히 꺼내야 한다. 시동생이 네 번의 시험관 수정 실패 후 다른 사람의 임신에 관해 듣고 싶어 하지 않을 수도 있기 때문이다.

　이런 금기사항이 너무 경직되었다고 생각하거나 가족의 비밀을 불건전하다고 생각할 수도 있다. 누구도 언급하지 않는, 남편의 할아버지를 돌아가시게 한 의문의 사고에 관한 이야기를 듣는 것은 심지어 흥미로울 수도 있다. 그러나 상대방이 꺼리는 단어나 감정 또는 주제에 관해서는 캐묻지 말고 존중해 주어야 한다. 이런 노력을 한다고 해서 당신에게 문제될 것은 없다. 혹은 가족들이 그렇게 해달라고 요구할 수도 있다. 쓸데없는 말을 해서 상대방을 화나게 하지 마라. 배우자에게는 당신 가족의 마음을 상하게 할 수 있는 일이 무엇인지 미리 알려주는 게 좋다.

돈 빌려주기

　어떤 부모들은 돈 주는 것을 좋아한다. 어떤 자녀들은 큰 금액의 돈을 받는 데 익숙해서 때로 부모에게 손자의 사립학교 학비를 요구하기도 한다. 돈 문제는 갈등을 야기할 수 있다. 시부모는 자녀가 집을 마련하는 데 기꺼이 도움을 주는 반면, 친정 부모는 자녀 스스로 집을 마련해야 한다고 생각한다. 장인이 딸 부부에게 금전적인 도움을 주어 사위가 자존심이 상할 수도 있다. 다음은 돈에 관한 기본적인 규칙이다.

- 배우자 부모가 얼마나 잘살고 당신 부부에게 얼마나 잘해주던 간에, 부모에게 재정적인 도움을 요구한다면 무례하다는 인상을 줄 것이다. 부모는 재산을 미리 물려줄 이유가 전혀 없다. 아무리 많은 재산을 소유하고 있다 해도 말이다.
- 물질적인 문제와 관련된 부탁을 할 때는 명확하게 하라. 당신 부모는 형제들에게 동일한 액수의 돈과 기회를 공정하게 제공해야 한다. 그러면 누구도 큰돈을 우습게 볼 수 없을 것이고, 그러려고 하지도 않을 것이다. 물론 당신이 체면치레를 한다고 불이익을 당할 필요는 없다. 형제 중 누군가가 다른 형제에 비해 많은 혜택을 받는다면, 이를 조용하고 명확하게 부모에게 말해도 좋다. 부모가 편애를 하느라 노후 자금을 낭비한다면 이는 당신의 삶은 물론 당신 가족에게도 피해를 줄 수 있기 때문이다.
- 양가 어느 부모에게 돈을 빌리건 이자를 제대로 주고, 돈을 갚겠다고 약속한 날짜에 꼭 갚아야 한다.
- 절대로 남편 혹은 아내에게 자기 부모에게 돈을 빌려오라고 압박하지 마라. 도움이 필요하다면 배우자와 그의 부모를 만나서 함께 의논하라.
- 많은 부모들이 특별한 날에 돈을 준다. 부모가 정원 울타리를 만들라고 준 돈을 휴가에 쓰지 않는 것은 당연하다. 울타리가 필요 없다면 돈을 돌려주는 것이 예의 바른 행동이다.

- 사위 혹은 며느리로서 배우자 부모가 주는 큰돈이나 비싼 선물을 배우자의 행복에 대한 투자로 간주하라. 관계가 좋을 경우 부모의 선물로 더 높은 생활수준을 즐겨도 된다. 그러나 헤어지고 나서 상대방 부모의 재산을 요구하는 것은 용서받을 수 없는 일이다.

chapter 7

부부로서 인정받기

두 사람이 부부가 되면 주위 사람들은 그들을 하나로 인지한다. 그것은 사업상의 부부 동반 만찬에서 부모들과의 저녁식사에서 친구들과의 브런치 자리에서, 자신의 이미지와 배우자의 스타일이나 외모와도 관계가 있음을 의미한다.

부부는 무엇보다 친구나 친지, 이웃과 친밀하게 지내야 한다. 이런 관계는 이혼의 위험을 54퍼센트 가량 줄여준다. 이 수치는 만하임 대학의 사회학자 하르트무트 에써Hartmut Esser의 이혼 연구 프로젝트에서 나온 것이다. 그의 말에 의하면 친밀한 관계와 다양한 사회생활은 함께 사는 집만큼이나 두 사람의 행복에 기여한다고 한다.

성공적인 사교생활이 이혼의 가능성을 반 이상 줄이는 이유가 있다. 사랑 자체로는 오랜 시간을 이어가기에 충분하지 않기 때문이다. 하지만 부부가 그들에게 중요한 사람들로부터 찬사를 받는다면 삶의 활기를 얻고 새로운 자부심으로 배우자를 보게 된다. 반면 외부로부터의 인정이 부족하다면(부부가 사람들을 별로 만나지 않거나 한 사람이 사회생활을 하지 않는다면) 열등감이 생기고 부부의 삶에 어두운 그림자가 드리운다.

그러므로 우정과 사회적 명성은 결혼생활의 필수요건이다. 이는 삶을 더 풍요롭고 매력적으로 만들 뿐 아니라, 부부가 드림팀으로 인지되는지 아닌지를 결정하기 때문이다. 이 장에서는 부부가 각자 또 함께, 세상 사람들의 눈에 좋은 인상을 줄 수 있는 방법을 알려줄 것이다.

러브토크 20

좋은 인상을 남겨라

 같이 한 일은 같이 책임진다. 이 논리가 파트너 관계에서만큼 확실하게 적용되는 경우도 드물다. 사랑이 관계로 발전하게 되면 사람들은 커플을 한 세트로 받아들인다. 그러므로 한 사람의 행동은 파트너에게 영향을 미친다. 혼자 있든 둘이 같이 있든.

상대방을 곤혹스럽게 만들지 마라

 우리는 부부가 함께 신년만찬에 갈 경우 세련되고 매너 있게 등장하는 것만으로도, 부부로서 매혹적인 아름다움을 발휘한다는 것을 확실히 알고 있다. 그러나 혼자 다닐 때는 자신의 행동이 배우자에게 영향을 미칠 수 있다는 사실을 쉽게 잊는다.

　부부 중 한 사람으로서 우리는 외부에 미치는 영향에만 책임이 있는 것이 아니다. 슈퍼마켓 점원에게 불친절하게 대하고 이웃과의 다툼에서 이성을 잃는다면, 배우자의 명예도 함께 실추된다. 당신이 슈퍼마켓에서 불친절한 대접을 받고 이웃과 사이가 안 좋아진다면, 누구보다 사랑하는 당신의 아내가 당황할 것이다. 그러므로 혼자 행동할 때도 배우자에게 미칠 영향을 고려해야 한다.

함께 명망을 쌓아가라

　사회학자 로우랜드 S. 밀러는 다음과 같은 사실을 증명했다. 좋은 매너는 햇빛을 받아 녹아내린 아이스크림처럼 평생 지속되는 관계에 스며들어 있다. 부부는 친구나 동료 혹은 낯선 사람에게는 절대 하지 않는 방식으로 서로를 대한다. 이상적인 경우 그 뒤에는 친밀감과 신뢰가 숨어 있다. 두 사람이 싱거운 말이나 투덜거림, 입을 벌린 채 음식을 씹는 것을 개의치 않는다면, 언뜻 무례하게 보일 수 있는 말과 행동이 무조건 무례함을 의미하지는 않는다.

　그러나 현관문을 나서면 문제는 달라진다. 문 뒤에서는 괜찮았던 행동이 다른 사람들과 함께 있는 데서는 불편하고 무례하게 보일 수 있다. 배우자와 함께 행동할 때 적어도 이런 점을 염두에 두어야 한다.

| 비꼬거나 찌르는 말을 하지 마라 | "당신도 언젠가는 정말 멋진 요리를 할 수 있을 거야." 남자는 친구들과 식사하면서 이 말을 여섯 번이나 되풀이했다. 그리고 친구들에게 말한다. "저 사람이 차라리 다른 음식을 준비하는 게 나았을 텐데 말이야." 남자는 지나치듯 말했고 단 둘이 있었다면 여자는 그 말을 유머로 받아들였을 것이다. 그러나 친구들 앞에서라면? 여자가 오후 내내 반죽하고 밀고 구운 요리에 대해 말한 거라면? 여자는 그 말을 불편하게 느끼고 상처를 받았을 것이다. 집안에서 단 둘이 있을 때는 아무 문제없는 언행이 사람들이 모인 자리에서는 금기시된다. 농담을 할 때는 절대 다른 사람을 걸고 넘어지지 마라. 배우자에 대해서도 마찬가지다.

| 서로 변명하게 하라 | 집에서는 서로 혈기를 부리며 말하는 것이 익숙할 수도 있다. 그러나 부부가 서로의 말을 자르면 다른 사람 눈에는 무례하게 보일 수 있다. 배우자가 무언가를 설명할 때 당신이 더 많이 알고 있다 해도 도중에 끼어들지 마라. 만약 그랬다면 바로 사과하라. "미안, 내가 당신 말을 잘랐네. 무슨 말을 하려고 했어?"

| 서로를 의식하라 | 친구들이나 낯선 사람들과 함께 있다 할지라도 서로를 의식해야 한다. 그러면 부부 사이에 특별한 연대감과

의무감이 생긴다. 부부 중 한 사람이 어느 모임에 처음 참석했거나 간만에 나왔다면 배우자에게 더 신경 써야 한다. 아내를 대화에 끌어들이거나 배경지식에 대해 알려주는 것이다. "미셸, 그거에 대해 어떻게 생각해?" "내가 저번에 설명했던 새 계정에 관해 이야기하고 있어. 이 고객이 지금 예산을 다시 한 번 올리려고 하거든."

| 둘이 있을 때 하는 행동을 다른 사람들이 보는 데서 하지 마라 |

사랑하면 두 사람 마음에 드는 모든 것이 허용된다. 물론 단 둘이 있을 때만 그러하다. 친구나 낯선 사람이 있는 데서 은밀한 접촉을 하거나 싸우는 모습을 보이지 마라. 또 어떠한 경우에도 배우자의 직장생활에 관해 알고 있는 것을 말하지 마라.

| 배우자를 소개하라 | 배우자와 함께 외출해서 누군가를 만났다면 배우자를 소개하는 것이 마땅하다. 파티나 만찬에서뿐만이 아니다. 시장에서 전에 알던 이웃이나 동료를 만났을 때도 마찬가지다. "이 사람이 라이너야. 예전에 이웃에 살았어. 라이너, 여기는 내 아내야."

실수를 눈감아줘라

이상적인 세계에서는 사랑하는 사람이 언제든 예의 바른 태도를 취하고 상황에 알맞은 말을 할 것이다. 그러나 현실 세계에서는 실수를 저지르고 무례한 행동을 할 수밖에 없다. 이런 경우, 불쾌한 기분을 드러내서 배우자와 주위에 있는 사람들을 당황하게 하지 마라. 배우자의 실수를 모른 척하고 넘어가면 더 편안한 분위기를 만들 수 있다.

- 아내는 요리가 맛없다는 남편의 농담을 이렇게 넘긴다. "최근에는 정말 특별한 음식을 만들 상황이 아니었어요. 오늘은 안나가 만든 라비올리가 정말 맛있네요. 안나, 도대체 어떻게 만든 거예요?"
- 남편이 아내에게 제동을 건다. "잠깐만, 여보. 나는 이 이야기를 끝까지 들었으면 좋겠는데."
- 남자는 스스로 대화에 끼어들 기회를 잡는다. "당신 말이 참 긍정적으로 들리네요. 우리 사무실에서도 얼마 전에 비슷한 일이 있었어요."

러브토크 21

우정을 관리하라

좋은 친구는 대화 소재를 제공하고, 새로운 제안과 시각으로 부부생활을 풍요롭게 하며, 불행한 기분에서 빠져나올 수 있도록 도와준다. 한편으로는 그렇다. 하지만 다른 한편으로는 부부가 함께 친한 친구를 만들거나 배우자의 친구들과 잘 지내는 것은 절대 쉬운 일이 아니다. 남자의 눈에 여자는 친구들을 너무 자주 만난다. 여자가 보기에 남자의 가장 친한 친구는 거만하고 냉소적이다. 부부는 얼마 전 여자가 좋아하는 회사동료 커플과 함께 저녁식사를 했는데 피곤한 잡담 수준의 대화만 오갔다. 내 친구, 당신 친구, 우리 친구, 여기서 공동의 친구 모임이 형성되기까지는 시간과 감성이 필요하다.

배우자의 오랜 친구와 잘 지내라

2004년 미국 에밀리 포스트 연구소의 온라인 설문조사 결과, 커플 중 약 80퍼센트가 배우자의 친구들과 잘 지낸다고 밝혔다. 상당히 높은 비율로 보아 서로 사랑하는 부부는 사람을 평가하는 기준이 비슷한 경우가 많음을 알 수 있다. 그러나 항상 그렇지는 않다. 배우자의 과거생활에서 알게 된, 호감이 가는 사람들은 아주 쉽게 공동의 삶으로 끌어들일 수 있지만, 최선을 다해도 받아들이기 힘든 친구 한두 명은 꼭 있다.

- 여자는 남자의 볼링 친구들과 어울릴 수가 없다. 그녀가 보기에 그들은 술을 너무 많이 마신다.
- 남자는 여자의 가장 친한 친구를 믿지 않는다. 그녀는 자기네 부부에 관해 너무 많이 알고 있다.
- 여자는 남자의 친구가 눈엣가시다. 여자가 보기에 그 친구는 쓸데없고 위험해 보이는 투자를 하라고 남편을 설득하기 때문이다.

관계에 부담을 주는 친구 관계는 그만두는 것이 가장 쉬운 방법인지도 모른다. 그러나 배우자의 친구와 잘 지내는 것이 오랜 친구에 대한 예의이자, 부부 관계를 위해서도 필요한 일일 것이다.

그렇게 하려면 양쪽 모두 노력이 필요하다.

배우자의 오랜 친구와 잘 지내지 못하는 사람을 위한 팁이다. 첫째, 오랜 친구들은 어지간한 행동에는 면역이 되어 있다. 그들이 용서받을 수 없는 말이나 행동을 할지라도. 둘째, 큰 행사나 부부 동반의 모임이라면 그들을 만나는 것을 받아들여라. 셋째, 배우자의 친구들을 배우자 혼자서 만날 자유를 주어라.

좋아하지 않는 남자친구나 여자친구를 부부 관계로 끌어들이려면 이렇게 하라. 첫째, 남편이나 아내는 가장 가까운 친구보다 우선권을 갖는다는 것을 인식하라. 둘째, 배우자가 좋아하지 않는 친구를 서너 명이 모이는 자리에서 함께 만나기보다는, 차라리 여러 명이서 여행을 가거나 공연을 보러 갈 때 만나라. 셋째, 배우자가 자리를 뜨고 싶어 한다면 화내지 말고 10분 내에 바로 헤어져라.

TIPS

상의 없이는 초대에 응하지 마라. 친구의 초대를 받아들이기 전에 배우자와 상의하라. "아내와 이야기해 보고 오늘 오후에 연락해 줄게."

오랜 우정을 유지하라

새로운 관계는 어쩔 수 없이 오랜 관계에 영향을 미친다. 당신

시간의 대부분은 이제 배우자에게 속해 있다. 친구들과 함께하는 계획은 당신 삶에서 점점 밀려날 것이고, 오랜 친구는 어떤 상황에서도 도움을 주는 사람으로서의 의미를 잃게 된다. 하지만 변화된 상황에서도 친구와 계속 연락을 하라.

- 먼저 약속을 잡아라. 점심시간이나 퇴근 후에 짬을 내서 만나라. 짧은 만남 역시 우정을 활기차게 해준다.
- 가장 친한 친구나 오래된 동창은 가끔 파트너 없이 혼자 만나라. 특히 혼자 있는 친구가 당신을 행복한 부부의 반쪽으로만 보게 된다면 불편한 마음이 들 것이다.
- 양쪽 친구들을 함께 모이게 하라. 호숫가에서 파티를 하는 것도 좋고 오두막에서 주말을 보내는 것도 좋다. 양쪽 친구들이 친해질수록 친구들과의 관계를 유지하기가 쉬워질 것이다.
- 우정의 변화에 관해 이야기하라. 친한 친구를 위해 더 많은 시간을 내지 못하고 함께 무언가를 하는 것에 관심이 없어졌는데, 이를 모른 척해선 안 된다. 친구가 당신의 변화로 인해 마음 아파한다는 것을 안다면 솔직하게 이야기하라. 그러나 싱글인 여자친구나 남자친구를 위해 일종의 파트너 대신이었다면 이런 말을 할 필요는 없다. "우리가 함께 즐기던 저녁이 그리워. 내가 필요하면 항상 같이 있어줄게."

여성을 위한 TIPS

때로 여자의 가장 친한 여자친구와 남자는 서로가 눈엣가시처럼 보인다. 여자들의 우정은 심리적인 대화로 이루어진다. 남자와 섹스 그리고 사랑의 고통까지 포함해서. 그러나 남자가 그런 것에 익숙해지기는 힘들다. 그러므로 사려 깊은 여자라면 가장 친한 여자친구에게도 마지막 가면을 벗지 않을 것이다. 당신이 솔직하게 많은 것을 털어놓고 싶더라도 배우자에 관해서는 비밀을 지켜주어야 한다. 부부 사이의 은밀하고 사소한 것이나 아름답지 않은 광경, 직장과 관련된 일 등은 두 사람만의 문제이다. 부부 사이가 좋지 않더라도 말이다.

커플 친구를 만들어라

영어로 Couple Friends는 커플의 삶에서 가장 중요한 역할을 하는 친구들, 즉 커플로서 친한 다른 커플을 말한다. 커플이 잘 지내는 데 그들의 영향력을 과소평가할 수 없다. 두 커플이 함께하면 자전거 여행과 연극 사이의 휴식시간이 더 재미있어지고, 어린 아이와 함께하는 여행이 수월해진다. 여자들은 커다란 식탁에 둘러앉아 남편이나 자녀는 물론, 호감 가는 직장동료에 관해 이야기를 나누고, 남자들은 주식 상황을 분석한다. 그리고 모두 함께 보건복지부장관의 최근 제안이 현실적인지를 토론한다.

더 중요한 영향이 있다. 두 커플이 함께 있을 때는 남녀 사이의 아주 오랜 갈등거리가 재미있는 반전을 겪게 되고 그로 인해 각

커플은 배우자의 변덕이나 예민함을 유머로 받아들일 수 있게 된다. 그리고 단 둘이 있을 때는 쉽게 극단으로 치닫게 되는 문제들이 친한 커플과 함께 있으면 편안하고 이성적으로 느껴진다.

마음이 맞는 친구를 발견하는 것은 쉬운 일이 아니다. 더구나 두 사람이 모두 마음에 드는 커플을 찾는 것은 네 배나 더 어렵다. 미국의 저널리스트 지니 랄스턴Jeannie Ralston은 이렇게 표현한다. "두 사람이 똑같이 함께하고 싶은 커플을 만난다는 것은 로또에 당첨될 확률과 같다. 거의 불가능하다는 말이다."

예기치 않게 성적 분위기가 조성되는 문제도 있지만, 무엇보다 여자와 남자가 친구를 찾는 기준이 다르기 때문에 쉽지 않다. 여자들에게는 서로 신뢰하는 것이 중요하다면 남자들은 함께 무언가를 하는 것이 우선시된다. 또 남자들은 서열을 문제 삼으면 아주 불편해 한다. 다음의 팁이 커플과 커플이 우정을 쌓는 데 도움을 줄 것이다.

| 눈에 띄지 않게 시험해 보라 | 친구가 되기를 원하는 커플을 신중히 탐색하라. 예를 들면 장을 보다가 자녀의 학교 행사 혹은 음식점에서 눈에 띄지 않게 시험해 보라. 친절한 동료의 남편이 잘난 척하는 사람이거나 새로운 테니스 파트너의 아내에게 호감이 가지 않는다면 만남을 바로 그만둘 수 있다. 그러나 새로운 커플을 집으로 초대하면 상대 커플은 답례를 해야 할 의무를 느끼게

된다. 네 명이 함께 만나는 것이 불편하더라도 말이다.

| 만남의 방식에 변화를 주어라 | 남자와 여자는 다른 방식으로 우정을 키워가기 때문에 두 가지 방식으로 만남을 이어가라. 수다와 영화 보기, 격렬한 토론과 스키 여행을 번갈아 하는 것이다.

| 우정을 모든 방향으로 관리하라 | 대개 네 명의 우정은 양쪽 부인이나 양쪽 남편에 의해 유지된다. 새로운 우정이 지속되려면 DVD를 돌려 보거나, 가끔은 여자끼리 혹은 남자끼리 만나서 커피를 마시거나 맥주를 마시는 것도 좋다.

| 비교하지 마라 | 비교("파울은 당신보다 훨씬 자상해.")는 배우자에게 고통을 주는 가장 확실한 방법이다. 커플 간의 우정은 어떤 행동을 보고 배우고, 그에 맞추어 자신의 관계를 반성할 수 있다는 장점이 있다. 가령 이렇게 말이다. "파울과 아네테가 서로를 얼마나 사랑스럽게 대하는지……. 보기 참 좋아."

| 친구 커플을 비밀 유지자로 만들지 마라 | 네 명이 친하게 지내다 보면 때로 서로의 결혼생활에 대해 은밀한 비밀을 알게 된다. 상대방 커플에게 결혼생활의 문제를 이야기하지 마라. 차라리 다른 친구에게 말하라.

TIPS

친한 커플이 헤어지면 네 명의 우정도 변한다. 커플 간의 우정은 개인적으로 친한 것과는 약간 다르다. 그러므로 한 부부가 헤어지고 나면 사이가 멀어지는 것이 보통이다. 아마도 여자끼리의 우정이나 남자끼리의 우정은 지속될 것이다. 그러나 넷이서 함께하는 저녁식사나 휴가는 불가능하다.

러브토크 22

배우자의 체면을 세워주어라

아내의 사무실에서 열리는 크리스마스 파티나, 남편의 고객과 함께하는 부부 동반 모임, 신년만찬 등 부부가 함께 가야 하는 모임이 있다. 만약 당신이 그럴듯한 변명거리 없이 부부 동반 모임에 안 간다면 당신 아내는 직장에서 곤란한 상황에 처할 수도 있다. 다음은 부부 동반 모임에서 배우자의 체면을 세워줄 수 있는 전략이다.

| 모임에 함께 가는 것을 결혼의 의무로 생각하라 | 매년 아내 회사의 크리스마스 파티에 가는 것이 힘들다고 생각하거나, 남편의 사회적 야망에 전혀 관심이 없는 것도 당신의 권리이다. 그러나

배우자의 직장이나 사회적인 위치 때문에 부부 혹은 가족이 함께 가야 하는 모임이라면 협상의 여지가 없다. 당신은 기분 좋게 함께 가야 할 의무가 있다. 많은 회사에서는 직원이 공식적인 모임에서 건전한 가정을 꾸려가는 사람임을 증명해 보이는 것을 중요시한다.

| 정보를 미리 파악하라 | 배우자의 동료와 고객, 진행되는 프로젝트 등에 관한 정확한 정보를 미리 파악하라. 아내 혹은 남편을 위해 동료나 고객과 함께 이야기를 나누고 상황을 적절하게 평가할 수 있어야 한다.

| 지식을 신중하게 이용하라 | 일반적인 회사 정보나 올해의 우수한 사업 결과에 관해 잘 알고 있음을 드러내라. 그러나 절대로 직장 내부나 개인적인 일 또는 소송과 같은 껄끄러운 일에 관해서는 말하지 마라. 또한 과중한 업무나 배우자의 잦은 출장에 관해 불평하지 마라.

| 중립적으로 행동하라 | 남편의 승진 때문에 싸우거나 상사에게 이해를 구하는 것은 당신이 할 일이 아니다. 여자 팀장의 융통성 없는 방식 때문에 남편이 상처 받았다는 것을 안다 할지라도.

| 함께하면 더 강해진다 | 함께 온 배우자는 부차적인 역할을 해야 하며, 자기 에고는 잠시 뒤로 밀어두어야 한다. 그리고 배우자를 눈에 띄지 않게 도와주면 더 좋다. 배우자가 마음에 들어 하지 않는 의뢰인과 대화하느라 힘들어한다면 거기서 해방시켜주고, 무시당한다고 느끼는 남편의 동료나 직원들에게 관심을 보여주는 것이다. 또 하나, 회사 사람들이 모인 자리에서 남편의 관심과 애정을 과도하게 요구하는 것은 적절치 않다. 그리고 남편은 함께 온 아내를 자랑스럽게 소개하고 대화에 끌어들이는 것이 좋다.

남성을 위한 TIPS

직장에 다니는 여자들은 회사 행사나 사교적인 자리에 파트너 없이 가도 남자만큼 나쁜 인상을 주지 않는다. 또 여자들은 남편이 동반자로서의 역할을 하기에는 직장일이 너무 많을 거라고 생각한다. 하지만 당신이 부부 동반 모임에 파트너를 동반하고 가기를 기대하는 것처럼 아내 역시 마찬가지다. 초대장에 '동반'이라고 적혀 있거나 다른 동료들이 파트너를 데리고 온다면 함께 가라. 적어도 두 번에 한 번은 얼굴을 비춰야 한다. 시간이 없거나 아내의 회사가 멀리 있다는 것은 변명일 뿐 구실이 되지 못한다.

손님을 환대하라

코쿠닝(역자 주: 가정 위주의 생활양식)이 유행이다. 식탁은 친구나 가족들과의 의사소통의 장으로 발전했다. 손님을 다시 집으로 초대하면서 안정과 정서적인 연대감을 새롭게 추구하고 있다. 이때 엄격한 규율 따위는 필요 없다. 손님들이 당신 집에서 기분 좋게 시간을 보내도록 배려하라. 돌아가는 그 순간까지.

부부로서 손님 접대하기

부부로서 손님을 맞는 것은 싱글일 때 친구들을 집으로 초대하는 것과는 약간 다르다. 부부가 되면 손님들의 기대치가 높아지기 때문이다. 부부는 얼마나 자주, 얼마의 비용을 들여서 손님을 치를 것인지 서로 합의해야 한다. 특히 두 사람이 모임을 좋아하는 정도의 차이가 심하다면 더 그렇다.

- 각자의 장점을 활용하라. 완벽주의자인 여자는 손님 초대에 필요한 모든 것을 완벽하게 준비한다. 파티를 좋아하는 남자는 대화를 이끌고 분위기를 즐겁게 만든다. 이런 두 사람이 손님을 맞으면 잠재력을 두 배로 발휘할 수 있다.
- 당신이 얼마나 자주 손님을 초대하고 싶은지, 얼마나 많은 시간과 돈을 투자하고 싶은지, 시끌벅적한 파티를 원하는지 아니면 사람들과의 대화를 원하는지에 관해 의논하라.
- 일을 분담하라. 둘 중 누군가가 주최자 역할을 부끄러워하거나 집과 식사가 완벽해야만 편하게 느낀다면 팀워크가 부담을 덜어준다. 메뉴를 짜고 쇼핑을 하고 집을 청소하고 요리를 하는 것은 물론, 손님들이 오면 누가 무엇을 할지도 역시 팀워크에 속한다. 어떤 대화 주제를 제시할지, 누가 외투를 담당할지, 누가 당신들 외에 아는 이가 없는 손님들을 신경 써줄지를 정하라.

모든 것을 준비하라

사람들이 이야기하는 완벽한 파티는 하늘에서 뚝 떨어지는 것이 아니다. 파티가 자연스러워 보이려면 누군가 많은 생각을 해야 하고 보이지 않는 곳에서 일을 처리해야 한다. 이 경우 세 가지 중요한 문제가 있다. 언제 초대할 것인가? 누구를 초대할 것인가? 무엇을 제공할 것인가?

| 적절한 시점 | 손님들이 올 수 있으며 오고자 하는 때에 초대를 하라. 가능하다면 여러 날짜 중에서 선택할 수 있게 하라. 단, 중요한 야구경기나 축구경기가 있는 날은 제하라. 이러한 모든 것이 고려되어야 한다. 더 중요한 것은 손님을 초대하는 두 사람의 스케줄을 잘 맞추는 것이다. 남편이 손님들이 도착하기 직전에 급하게 돌아오면 아내는 불안하고 화가 날 수밖에 없다. 그러니 계획한 날이 배우자의 스케줄에도 맞는지 고려해야 한다.

| 적절한 손님 | 초대해야 할 책임이 있는 사람들이 적절한 손님은 아니다. 소수의 사람들이 모일 때는 손님들이 서로를 잘 이해하고 지루해 하지 않고 중간에 나가지 않도록 하는 것이 중요하다. 반면에 큰 파티는 개개인이 서로 다 알지 못하는, 다른 세계와 다양한 나이대의 손님들이 함께하는 것이 좋다.

| 적절한 식사 | 식사는 손님 입에 맞고 당신이 할 수 있어야 하며 모임의 동기에 맞아야 한다. 사려 깊은 주인은 음식이 먹을 만한지 거부감은 없는지 손님에게 물어본다. 동료가 양파를 좋아하지 않거나 이웃집 여자가 향신료를 좋아한다는 것을 고려하여, 손님들을 당황시키지 않는 음식을 제공하라.

초대 분위기를 만들어라

케이크 파티든 뷔페든, 대부분의 주인들은 파티의 성공이 맛있는 음식에 달렸다고 생각한다. 사람들이 특별한 음식과 좋은 음료를 중요시하긴 하지만, 더 중요한 것은 손님들이 배려받고 환영받고 있다고 느끼는 것이다. 손님들 사이에 대화가 원만하게 이루어지면서 집주인이 흥겹게 음식을 담아주고 음료를 채워주면, 좀 맛없어도 별로 신경 쓰지 않는다. 반대로 음식이 아주 맛있어도 집주인이 뭔가에 쫓기거나 일이 너무 많은 것 같은 인상을 받으면 손님들은 불편하게 느낀다. 여기 친절한 손님 초대를 위한 중요한 규칙이 있다.

| 시간을 지켜라 | 주인이 머리가 젖은 채 문을 열어주거나, 욕실에서 마스카라를 칠하고 있다면 어떤 손님도 환영받고 있다고 느끼지 못한다. 손님은 조금 늦게 올 수 있다. 그러나 주인은 약속

시간 15분 전에 준비를 끝내는 게 좋다.

| 손님을 진심으로 맞아라 | 여러 명의 손님이 온다면 커플 중 한 사람은 현관에서 도착하는 사람들을 맞아라. 또 한 사람은 이미 도착한 손님들을 배려하면 된다. 이제 막 도착한 손님에게는 짧게 인사하라. "오늘 저녁 재미있게 보내요. 새 자동차가 어떤지 나중에 말해줘야 해요." 손님 중 한 사람이 새로 도착한 손님을 맞게 하거나 손님을 문 앞에서 기다리게 해선 안 된다.

| 신호를 보내라 | 예의 바른 손님은 주인이 먼저 서로를 소개해주고, 식탁으로 안내하고, 축배를 위해 잔을 들거나 식사를 시작하기를 기다린다. "자, 시작하지요" "건배해요. 여러분이 모두 와주어서 정말 기뻐요!" 당신이 누군가와 흥미로운 대화를 하고 있다 할지라도 이런 신호를 보내는 것이 집주인으로서 가장 중요한 과제에 속한다. 손님들을 음식이 가득 놓인 접시 앞에서 기다리게 하지 마라.

| 가능한 부엌으로 사라지지 마라 | 당신 집은 음식점이 아니고 손님들은 음식 때문에(어쨌든 대부분은 아니다) 온 것이 아니다. 손님과 이런저런 얘기를 하면서 가스레인지 위에서 끓고 있는 음식에 정신을 팔지 마라. 음식을 가지러 두 사람 다 부엌으로 뛰어가

지 마라. 둘 중 한 사람이 요리를 준비하고, 다른 사람은 식탁에서 손님들 마음이 불편하지 않게 하라.

| 손님이 원하는 것을 미리 눈치 채라 | 좋은 주인은 사방에 눈을 가지고 있어서, 자신은 술을 적게 마시고 손님의 기분이 어떤지 살핀다. 손님들이 모두 즐겁게 이야기를 나누고 있는지 확인하라. 필요할 경우 대화를 즐겁게 주도하고 음식을 더 덜어주고 커피를 따라주어라. 그 사이에 화장실에 휴지가 충분히 있는지, 깨끗한 수건이 준비되어 있는지 확인하라.

| 긴장을 풀어라 | 주인이 식탁보에 생긴 레드와인 흔적을 지우려고 하거나 저녁 내내 실패한 요리에 관해서만 이야기한다면 분위기는 가라앉는다. 그런 일은 얼마든지 일어날 수 있다. 쿨하고 즐거운 기분을 유지하라. 실수를 했을 때는 심호흡을 하고, 더 좋은 방법은 미리 모든 상황에 대처할 준비를 하는 것이다. 새 냅킨으로 레드와인 흔적을 덮고 망친 디저트 대신 준비해둔 과일을 내와라.

러브 토크 Q&A

Q 아내는 일주일에 이틀 정도만 일하지만 전 일주일 내내 직장에서 업무가 아주 많습니다. 그런데도 아내는 주말에 손님이 오면 내가 같이 준비해주기를 바라죠. 요리를 하고 음식을 차리는 일 말이에요. 물론 우리가 비슷하게 일을 한다면 아내를 도와줄 수 있어요. 하지만 전 음악이나 음료를 신경 쓰는 정도로 충분하다고 생각해요.

A 계산적으로 따져보면 당신 말이 맞습니다. 하지만 당신 아내가 원하는 바를 충족시켜주는 게 더 나을 것입니다. 무엇보다 당신 아내가 바쁘게 식탁과 가스레인지 사이를 돌아다니는 동안 당신은 손님 술잔만 채워준다면, 그건 평등하다고 할 수 없습니다. 그리고 손님들은 음식도 음식이지만 아내가 즐겁게 대화에 참여하는 걸 훨씬 더 좋게 생각한답니다.

러브토크 24

사소한 것에서도 최고임을 보여주어라

매너는 삶의 태도이다. 멋진 부부는 다른 사람과의 사적인 교제를 위해서도 직장에서처럼 노력을 기울인다. 다음은 고려해야 할 중요한 예절이다.

서비스업 종사자에게

신문배달부, 세탁기 수리기사, 청소부……. 우리는 그들이 일을 잘할 때는 존재감을 느끼지 못한다. 하지만 신문이 제 시간에 오지 않거나 청소부들이 어쩌다 쓰레기를 치우지 않으면 비로소 그들이 하는 일이 얼마나 중요한지 알게 된다. 눈에 띄지 않는 서비스업 종사자를 정중하게 대하는 부부는 자신들이 멋진 사람임을 보여줄 뿐 아니라 더 나은 서비스를 받을 수도 있다.

- 당신 집을 자주 방문하는 서비스업 종사자의 이름을 불러주어라.
- 그가 해야 할 일 이상으로 서비스를 해주었다면 고마움을 표현하라. 식기세척기를 수리하는 사람이 물이 새는 수도꼭지를 고치는 것은 당연한 일이 아니다. 만족스러울 정도로 서비스를 받았다면 감사의 뜻을 전하라.
- 그들을 같은 눈높이에서 대하라. 날씨나 곧 있을 축구경기에 대한 언급은 어색한 분위기를 녹여주고, 그들과 같은 수준에서 의사소통할 수 있도록 해준다. 어떠한 경우에도 생색을 내거나 깔보는 듯한 행동을 하지 마라.

살림과 양육 도우미에게

청소 도우미나 베이비시터, 가정교사가 없다면 우리 일상에는 많은 문제가 생길 것이다. 단순한 규칙 몇 가지로 그들이 당신 가정에 더 많은 애착을 가질 수 있게 하라.

- 살림 도우미를 친구나 가족구성원처럼 정중하고 상냥하게

대하라. 일정한 어조로 지시하되 부탁이나 제안으로 표현한다. "이렇게 해주시겠어요?" "이렇게 하면 어떨까요?" "이렇게 한번 생각해 보겠어요?" "이 일은 오늘 꼭 했으면 좋겠는데요."

- 당신을 위해 일하는 사람들에게 그들을 신뢰하고 그들의 능력을 높이 신다는 것을 보여주어라. "고마워요, 멜라니. 당신이 아이를 재워주면 아이가 얼마나 잘 자는지, 정말 신기해요."

- 명확하게 합의하라. 청소 도우미가 언제까지 와야 하는지, 약속된 시간 안에 무엇을 해야 하는지, 베이비시터가 냉장고에서 음식을 꺼내 먹어도 되는지, 아이들과 예정에 없이 놀이터에 가도 되는지, 청소 도우미가 소포를 받아도 되는지, 다림질한 셔츠를 옷장 안에 두어도 되는지 등의 사소한 일까지 확실하게 해두는 게 좋다.

- 좋은 작업조건을 제공하라. 음료와 과일 그리고 간식을 준비하라. 필요한 청소도구를 모두 준비해 놓아라. 벽에 당신 전화번호를 적어놓아라. 아이가 방금 닦은 바닥 위를 뛰어다니지 않도록 주의를 주어라.

- 비판은 명확하고 정중하게 단둘이 있을 때만 하라. "당신이 이웃 사람과 우리 아이들 성적에 관해 이야기하지 않았으면 좋겠어요."

- 아이에게 모든 도우미를 정중하게 대해야 하고 일할 때 방해해선 안 되며 그들에게 일을 시키지 말라고 분명하게 말하라. 청소 도우미든 과외교사든 상관없다. 그들은 당신이 고용한 사람이지 당신 자녀가 고용한 것이 아니기 때문이다.
- 명절이나 특별한 날에는 사례금을 넉넉하게 주거나 정성이 담긴 선물을 하라.
- 살림 도우미를 잘 작동하는 로봇으로 대하지 마라. 도우미의 삶에 관심을 가져라. 가끔 커피도 같이 마시면서 휴가가 어땠는지 물어보라.

TIPS

살림과 자녀를 위해 믿을 수 있는 도우미를 구했다면 운이 좋은 경우이다. 아무리 당신이 살림 때문에 힘들더라도 이웃의 일 잘하는 살림 도우미나 베이비시터를 빼앗을 권리는 없다. 또 그렇게 마음에 드는 도우미가 시간이 된다 할지라도 당신 이웃은 그녀를 다른 사람과 공유하려 하지 않을 것이다.

이웃에게

좋은 이웃은 휴가 중에 고양이를 돌봐주거나, 여름에 직접 심은 호박을 가져다주기도 한다. 그러나 어떤 이웃은 밤늦게 시끄럽게 떠들거나, 사람 키가 넘는 나무를 심어 우리 집 테라스를 가리기도 한다. 우리는 이웃을 마음대로 고를 수 없다. 하지만 이웃이 어떤 사람이건 예의 바르게 대하는 것이 좋다. 비상시를 위해서라도 말이다.

| 자신을 소개하라 | 나이나 사회적 지위에 상관없이 새로 이사 온 사람이 먼저 인사를 해야 한다. 오다가다 만나겠거니 하지 말고 적극적으로 새로운 이웃에게 다가가라. "안녕하세요, 저희 가족이 이틀 전에 이사를 왔어요. 이사할 때 시끄럽지는 않았는지 모르겠네요." 반대로 새로운 이웃이 인사를 왔을 때 케이크나 과일 몇 개를 선물하며 환영해 준다면 친절한 인상을 줄 것이다.

| 시끄러운 작업을 하게 되면 미리 알려라 | "저희가 내일 창문 녹을 닦아낼 겁니다. 유감스럽게도 무척 시끄러울 것 같아요." 큰 규모의 공사가 끝난 후에는 작은 선물을 가지고 가서 사과의 뜻을 전하라.

| 도움을 줄 준비가 되어 있음을 알려라 | 이웃집의 소포를 받아주고 공구를 빌려주고 휴가 중에 대신 꽃에 물을 주어라. 그 외에도 이웃이 어려운 일을 당하면 함께 거들어라.

| 어느 정도의 거리를 유지하라 | 이웃 간에 가족처럼 지낼 필요

는 없다. 이해관계가 걸릴 때는 오히려 단점이 된다. 오다가다 길거리에서, 함께 눈을 치우면서 짧게 이야기하는 것이 좋은 이웃관계를 유지하는 비결이다.

| 방해가 되는 것은 사무적으로 이야기하라 | 매일 아침 6시에 이웃집 개가 짖어대거나, 이웃 사람이 당신 집 앞에 쓰레기봉투를 놓아둔다 해도 일부러 그럴 것이라고 오해하지 마라. 그리고 주저하지 말고 방해가 된다고 말하라. 그렇지 않으면 이웃 사람들은 자신이 피해를 준다고 생각하지 못한다. 한번 말한 후에도 아무 변화가 없다면 그때는 당신의 권리를 주장하라.

크리스마스 인사는 정성으로

크리스마스가 코앞이고, 누군가 생일을 맞고, 친한 커플이 결혼을 한다. 일상에서는 짧은 인사를 통해 서로 연락하고, 관계를 새롭게 할 수 있는 기회가 많다. 일상에서 잠깐 잊어버리더라도, 상대방을 여전히 생각하고 있으며 여전히 중요한 사람이라는 신호로 그렇게 한다. 개인적인 편지로 지인들에게 기쁨을 주고 좋은 인상을 남겨라.

• 중요한 것은 '우리는 너희를 생각하고 있다'라는 메시지이

지, 메시지를 전달하는 매개체가 아니다. 그래서 개인적으로 직접 작성한 문자 메시지 간결한 서명만 들어 있는 비싼 카드보다 더 기쁨을 준다. 그럼에도 이메일이나 팩스, 문자 메시지는 미적인 면에서 몇 가지 결함이 있다. 일단 벽에 붙여 놓거나 벽난로 위에 올려놓을 수 없다. 또한 마지막 순간에 가시아 누군가를 떠올렸거나, 우표를 사고 우체국에 가는 것을 귀찮아한다는 인상을 준다. 그러므로 카드나 편지가 가장 안전하고 예의 바른 선택이다.

- 안목이 있음을 보여주어라. 아름다운 카드는 비싸고, 싼 카드는 유감스럽게도 대부분 싸 보인다. 싸면서도 고전적인 느낌을 주는 것은 엽서와 흑백 카드이다.
- 카드에 축하의 말이 쓰여 있다 할지라도 자필 서명만 하는 것은 귀찮은 일을 해치웠다는 인상을 준다. 인사는 카드에서 가장 중요한 부분이다. 손수 축하의 말을 써 넣으면 잘되기를 원한다는 소망을 더 개연성 있게 전달할 수 있다.

남성을 위한 TIPS

한 가족의 사회적 관계를 관리하기 위해서는 많은 일이 필요하다. 대부분 그것을 신경 쓰는 사람은 여자이다. 배려심이 있는 남자들은 이런 문제를 같이 생각해 주고 시간을 투자할 뿐 아니라 아이디어를 제안한다. "며칠 전부터 머리가 터질 것 같아. 옆집 집들이에 무슨 선물을 해야 하지? 혹시 좋은 생각 있어?" 이런 질문에 "몰라, 당신이 알아서 해."라거나 "상품권을 사는 게 어떨까?"라고 대답하면 안 된다. 다정한 배우자는 그 문제에 집중한다. "당장은 없지만 함께 생각해 보자."

과한 애정 표현은 삼가라

서로 쳐다보고 손을 잡고 짧게 키스하고, 이런 애정 어린 행동은 감동을 주고 친근함을 느끼게 한다. 그러나 정도가 심하면 유아적이고 과시적인 행동으로 보인다. 애정과 사랑은 인간의 기본 욕구이다. 그러나 남자가 길거리에서 여자의 엉덩이를 만지거나, 여자가 남자의 회사 파티에서 성가시게 매달린다면 이는 매너가 없음을 보여주는 것이다. 특히 싱글 여자친구 앞에서 남편을 애무하거나 아내의 임신한 배를 쓰다듬는 것은 정말 무례한 행동이다. 멋진 부부는 은밀하게 행동하지 자신들의 행복을 과시하지 않는다.

chapter 8

멋진 커플임을 보여주기

물론 내적 가치가 멋진 외모보다 중요하다. 그러나 가끔은 커플로서 약간 과시를 하는 것도 재미있다. 남자가 여자에게 차문을 열어주고, 여자가 이런 그를 홀린 듯한 시선으로 바라본다면 이는 그들 관계에 광채가 나게 해줄 것이다. 인생은 회의적인 생각과 회색빛 일상에만 빠져 있기에는 너무 짧다.

사랑을 처음 시작할 때와 계속 진행할 때 무엇이 중요한지는 사전에 나와 있다. 사전을 보면 사랑과 의미가 비슷한 단어로 이런 것들이 나열되어 있다. '숭배하다, 신격화하다, 매혹되다, 미화하다, 꿈꾸다, 배려하다' 이는 학문이 사랑을 어떻게 증명하고 있는지를 그대로 보여준다.

사랑은 낭만과 환상으로 유지되지만, 이것이 전부는 아니며 가장 중요한 요소도 아니다. 열정과 낭만적인 체험, 이상화, 마법에 사로잡히는 것 그리고 두근거림은 사랑의 아름다운 부속물이다. 좋은 매너는 이때 역시 도움을 준다. 사랑을 제대로 할 수 있도록 도와줄 뿐 아니라, 사랑의 부속물까지도 우아하고 아름답게 이룰 수 있도록 해준다. 이 장에서 당신은 예의와 배려가 서로를 더 친밀하고 낭만적으로 느끼게 한다는 것을 알게 될 것이다.

축하하라

한 연구결과, 서로를 사랑하고 존중하는 부부는 보다 행복한 관계를 이어간다고 한다. 이유는 명백하다. 자부심이 에고를 강하게 하고, 사랑을 위한 성욕증강제 역할을 하기 때문이다. 그럼에도 많은 사람들은 이러한 행복의 잠재력을 현재 관계에 쏟아 붓지 않는다. 《프로인딘》 지의 의뢰를 받아 GEWIS 연구소가 조사한 결과, 여자의 40퍼센트와 남자의 29퍼센트만이 현재 자신들의 관계에 자부심을 느끼고 있는 것으로 밝혀졌다. 현재 배우자와의 관계가 불만족스럽다면 다음과 같은 전략으로 서로의 열정을 일깨우고 계속 키워 나갈 수 있다.

성공을 축하하라

사이 좋은 부부는 배우자가 어떤 일에서 성공을 거두면 이렇게 말한다. "잘했어요, 여보." 두 사람은 웃으면서 껴안거나 하이파이브를 한다. 그리고 그 일에 관해 대화를 나눈다. 그들이 다시 일상으로 돌아왔을 때 부부 관계는 전보다 더 밝아진다.

서로에 대한 자부심을 의도적으로 키워주는 방법은 아주 간단하다. 그저 인정하기만 하면 된다. 큰일뿐만 아니라 사소한 일에서도. 남편이 수년 전부터 구석에 처박아둔 LP가 이베이에서 놀랄 만한 가격으로 판매되었을 때, 남편이 여러 번의 시도 끝에 큰 소파를 차 트렁크에 실을 수 있게 되었을 때, 인기가 많은 공연 표를 구했을 때……. 어떤 일이든 그 성공을 인정하고 축하하라.

두 사람 중 누가 해냈는지는 전혀 중요하지 않다. 한 사람의 성공은 다른 사람의 성공이기도 하다. 경쟁하지 말고 서로를 지지하라. "당신이 그 소파를 차에 집어넣을 수 있으리라고는 생각지 못했어." 그리고 축하를 잊지 마라. 와인이나 커피 한잔은 작은 성공을 돋보이게 한다.

기념일을 기억하라

서로에게 무언가를 해주고 싶다면 굳이 이유를 찾을 필요는 없다. 그냥 해주면 된다. 중요한 것은 진심으로 하는 것이다.

정해진 기념일은 서로의 일상에 영향을 미친다. 사랑스럽고 낭만적으로 기념일을 보내면 일상에 활기를 준다. 특히 결혼기념일과 처음 만난 날은 부부가 지난 시간을 얼마나 잘 지내왔는가를 새삼 깨닫게 한다.

그래서 멋진 부부는 기념일을 자신들을 위한 특별한 계기나 상대방을 위해 특별한 선물을 해줄 수 있는 적절한 동기로 이용한다. 평소 가고 싶어 했던 음식점에 가거나, 단둘이 주말을 보내거나, 침대에서 아침식사를 하거나, 놀라운 이벤트를 준비한다. 이때 중요한 규칙이 있다.

| 기념일을 잊지 마라 | 기념일을 잊어버리는 것은 서로가 서로를 위해 존재함을 기념하는 의식적인 행위가 별 의미가 없어졌다는 신호이다. 그러므로 무엇보다 기념일을 잊지 않는 게 중요하다. 작년에 무심했다면 올해 쉽게 상황을 만회할 수 있다. 다음번 기념일에 대해 먼저 이야기를 꺼내라. 상대방이 꺼내기 전에.

| 아침부터 축제 기분을 내라 | 보통은 기념일 저녁쯤 돼야 고급 레스토랑을 가거나 에로틱한 마사지를 받으면서 비로소 축제의 기분을 느낀다. 하지만 단조로운 일상이 시작되기 전에 작은 아이디어로 기념일을 축하하면 기쁨은 배가 된다. 베개 위에 장미 한

송이를 갖다놓을지, 아내가 깨기 전에 가벼운 섹스를 할지는 당신이 결정하라.

| 제때 계획하라 | 좋은 아이디어를 생각해 내기 위해서는 시간이 필요하다. 늦어도 기념일 3주 전에 선물이나 특별한 이벤트에 관해 생각해 두어야 한다. 미리 준비해야 아내가 오래전부터 가고 싶어 했던 레스토랑의 좋은 자리를 예약할 수 있고, 보고 싶어 했던 공연 티켓을 선물할 수 있을 것이다.

| 전통을 지켜라 | 매년 멋진 아이디어를 짜내는 것이 힘들다면 고전적으로 축하하라. 생일에는 약혼을 했던 음식점에서 식사하고, 처음 만난 날에는 함께 등산을 하라.

| 계획을 번갈아가며 맡아라 | 결혼식이나 처음 만난 날, 밸런타인데이처럼 매년 돌아오는 기념일을 어떻게 보낼 것인지는 한 사람이 맡고, 정해지지 않은 축제나 기념일은 다른 사람이 맡는다. 이렇게 하면 부담이 줄어들 것이다.

| 시간을 내라 | 배우자를 위해 시간을 내거나 따뜻한 배려를 해주는 일은 세월이 지나면서 조금씩 줄어들게 마련이다. 남편의 생일에 조금 일찍 퇴근한다거나 결혼기념일에 아이들을 친구 집에

서 보내게 한다면 그것만으로도 이미 하나의 선물이 된다.

선물을 하라

축제와 선물은 서로 뗄 수 없는 것이다. 마치 사랑과 정절처럼. 이 두 가지의 조합이 비로소 행복을 완벽하게 만든다. 선물에 둔감한 사람이 아니라면 크리스마스나 생일, 결혼기념일, 처음 만난 날 또는 특별한 경우(아이를 낳는다거나 어떤 시험에 합격했다거나)에 크고 작은 선물을 주는 것이 좋다. 선물의 가격은 그리 중요하지 않다. 선물이 기쁨과 감동을 주고, 선물 받은 사람이 인정받고 있다고 느끼는 게 가장 중요하다.

| 상대방에게 기쁨을 주는 것을 선물하라 | 당신이 실용적이거나 필요하다고 생각하는 것을 선물하지 마라. 스타일 트레이너인 얀 샤우만Jan Schaumann은 그 법칙을 이렇게 정리한다. "아내에게 플러그가 있는 것을 절대 선물하지 마라. 남자에게 그가 변해야 함을 암시하는 선물을 절대 하지 마라."

| 선물을 '주문'하는 것으로 파트너를 강요하지 마라 | 파트너에게 암시를 주어서 받는 선물은 기쁨이 줄어든다. 그러니 평소에 상대방이 지나치듯 원하는 것을 말할 때 주의 깊게 듣거나 미리부

터 어떤 선물을 할지 고민하라.

| 서로 부담을 덜어주어라 | 결혼하고 몇 해가 흘렀다면 특별한 선물을 찾기가 어렵다. 하지만 귀한 그림책부터 수제 초콜릿까지 고전적인 선물은 항상 멋진 선물이 될 수 있다. 수백 권의 책이나 거대한 와인 창고를 가지고 있다 해도 음악과 시, 소설, 영화, 맛있는 음식 등은 가치를 잃지 않는다.

| 가격은 비밀로 하라 | 부부의 일상은 충분히 세속적이다. 만약 아내가 진주목걸이의 가격을 알게 된다면 낭만은 사라진다. 그러므로 현금으로 계산하거나 개인적인 신용카드로 계산하라.

| 경험을 선물하라 | 감동 깊게 본 오페라 공연은 기념일 이후에도 몇 년 동안 당신의 뇌리에 남을 것이다. 함께하는 댄스 클래스는 몇 주 동안 기쁨을 줄 것이며, 스킨스쿠버는 새로운 취미로 이어질 수 있게 해줄 것이다.

| 부부가 함께 오랫동안 원했던 것을 선물하라 | 서로를 위해 와인냉장고를 사거나 두 사람이 다 갖고 싶어 했던 카메라를 구입하라. 10년이 넘은 부부에게도 이런 선물은 가치가 있다.

| 기념일이 아니더라도 간단한 선물을 하라 | 가끔 남편이 좋아하는 아주 비싼 와인을 사고, 아내에게 카드 한 장과 함께 꽃을 보내라. 이런 문구면 충분하다. "고마워, 항상 나와 함께 있어줘서."

| 선물을 기쁘게 받아라 | 당신은 선물이 너무 비싸다고 생각할 것이다. 다른 MP3 플레이어 모델을 더 좋아할 수도 있고, 실크 잠옷보다는 면파자마를 좋아할 수도 있다. 그렇더라도 선물을 기쁘게 받아라. 선물은 사랑의 표시지 택배가 아니다. 만약 선물이 당신이 원하는 것과 전혀 다르거나 당신에게 맞지 않다면 교환이 가능한지 물어도 좋다.

러브토크 26

행복의 순간을 수집하라

미국의 사회학자 로우랜드 S. 밀러는 이렇게 말했다. "인간은 원래 게으른 사회적 동물이다. 누군가에게 받아들여지고 가치를 평가받고 있다고 느끼자마자 상대방의 호감이나 사랑을 얻기 위한 노력을 그만둔다. 그래서 애프터셰이브 로션 냄새를 풍기면서 아침식사에 나타나던 사람이, 남편이 되면 속옷차림에 씻지도 않고 식탁에 앉는다."

그것이 자연의 법칙이다. 함께 있는 시간이 길어질수록 서로에게 무심해진다. 그렇다고 덜 사랑하는 것은 아니다. 사랑에 확신을 가지게 되었음을 의미한다. 그러고 나면 악순환이 시작된다. 두 사람은 서로를 위해 덜 노력한다. 그리고 상대방의 노력이 줄어든 것에 상실감을 느낀다. 삶은 더 편안해지고 현실적이 된다. 그러나 다음과 같은 단순한 습관을 5년, 10년, 20년이 지난 후에도 계속 유지해 가는 사람은 과거의 낭만을 유지할 수 있다.

그냥 대화하라

연구결과에 따르면 결혼한 부부는 일상적인 대화를 제외하고 하루에 약 10분 정도밖에 대화를 나누지 않는다고 한다. 처음에는 달랐다. 상대방에 대한 모든 것을 알려고 했고, 아침에 일어나자마자 상대방이 보낸 문자 메시지를 확인했다. 하지만 몇 년이 지나면 오랜 대화와 의사소통은 부부가 가장 그리워하는 것이 된다. 멋진 부부는 이런 점이 다르다. 그들은 가장 저렴한 슈퍼, 막힌 하수구, 아이들의 성적 등과 같은 일상적인 일이 아니라도 의도적으로 대화를 나누려고 한다.

- 상대방 삶의 세세한 부분에 관심이 있는가? "오늘 운동은 어땠어?" "프레젠테이션 반응은 좋았어?" "음악회에서 가장 좋았던 부분이 어디였어?" 부부가 서로 다른 길을 가고 있다 할지라도 서로에게 관심을 가져라.
- 적어도 일주일에 한 번은 전화로 대화를 나누어라. 저녁에 언제 집으로 갈 것인지보다는 당신이 어떤 일에 기뻐하고 어

떤 일에 화가 나는지를 이야기하라.
- 세상을 배우자의 시각으로도 보라. "밀라노 호텔이 당신 마음에 들 거야, 특히 스파가."
- 서로 사랑을 표현하는 게 쑥스러워졌다면 이메일과 문자 메시지를 이용하라. 꼭 해야 할 일("세탁소에서 양복 찾아오는 거 잊지 마.")에 사랑스러운 말을 덧붙여라. "참, 우리가 함께 있어서 너무 행복해." 양치 컵에 사랑스런 말이 담기 포스트잇을 붙이거나 출장 가서 카드를 보내는 것도 좋다.

사랑의 제스처가 필요하다

"아직도 나를 사랑해?" "당신도 잘 알잖아." 이런 말이 사랑의 증명은 아니다. 하지만 언제부터인가 우리는 상대방이 표현하지 않으면 알 수가 없다. 상대방이 아무런 표현을 하지 않으면 단지 꿈속에서 상상하는 것처럼 느껴진다. 아내는 이성적으로는 그토록 원하는 집을 사기 위해 남편이 초과근무를 하는 것이 사랑임을 안다. 남편 역시 자신의 직장 때문에 아는 사람 하나 없는 낯선 도시로 가겠다고 하는 아내의 사랑을 이성적으로는 안다. 그러나 감정은 그 이상을 원한다. 여전히 사랑하고, 점점 더 사랑하고, 매일이 새로웠으면 하고 바란다. 그래서 서로 사랑받고 있다고 느끼게 해주는 낭만적인 제스처가 필요하다. 다음은 돈을 들이지 않고 효과적으로 사랑을 표현할 수 있는 방법이다.

- 아침에 집을 나서기 전에 침대에 있는 아내에게 커피를 가져다주어라.
- 남편의 여행 가방에 짧은 편지나 시를 써서 넣어두어라.
- 가방에 아내의 사진을 가지고 다녀라. 최근 사진도 좋고 아내가 어려 보이는 사진이면 더 좋다.
- 싸운 채로 집을 나서지 마라. 싸우고 나서는 먼저 연락을 취하라. 앙금이 아직 남아 있을지라도. 부부는 사랑하는 사람들이지 싸우는 사람들이 아니다.
- 책 한 권을 아내에게 가져다주면서 몇 시간 정도 아이와 살림에서 벗어나게 하라.
- 아내의 자동차에 기름을 가득 채우고 아내가 좋아하는 잡지를 사다주어라.
- 남편이 보고 싶어 하는 영화를 빌려라. 당신이 좋아하는 장르가 아니라 해도.

칭찬하라

누군가와 함께 살면 모든 것이 습관이 된다. 아내의 아름다운 눈, 남편의 멋진 요리솜씨조차. 남자들은 이렇게 말하면서 자기 입장을 합리화한다. "내가 아무 말도 하지 않으면 모든 게 아무 문제없다는 뜻이야." 하지만 명심하라. 칭찬은 어떤 것에 대한 응답일 뿐 아니라 분위기를 고양시키는 놀라운 능력을 가지고 있다. 상대방에게 그를 인정하고 중요하게 여긴다는 느낌을 주고, 에로틱한 효과까지 이끌어낼 수 있다.

결혼한 지 몇 십 년이 지났다 할지라도 남편에게, 아내에게 적어도 하루에 한 번은 칭찬을 하라. 외모에 대한 칭찬일 수도 있고(남자들도 그런 칭찬에 기뻐한다), 개인적인 특징이나 행동방식에 대한 칭찬일 수도 있다(이런 칭찬은 상대방을 더 많이 생각하고 배려하고 있음을 보여준다). 아내가 생선을 얼마나 잘 다듬는지, 남편이 얼마나 강력하게 프로젝트를 밀어붙였는지 그리고 아내가 부동산중개인과의 대화를 얼마나 잘 주도하는지.

스킨십이 친밀감을 만든다

사랑하는 사람들은 계속 스킨십을 한다. 쓰다듬고 손을 잡고 키스와 포옹을 하면서 친밀함을 나누고 신뢰를 만들어간다. 하지만 시간이 흐를수록 이런 접촉은 뜸해진다. 아침에 함께 차를 타고 출근할 때도 회사에서 필요한 자료만 뒤적인다. 작별키스도 판에 박힌 일상이 되어버렸다. 복잡한 거리에서는 아이들의 말을 들어주느라 바쁘고, 극장은 기념일에만 간다. 관계가 지속되는 동안 약간의 낭만은 여전히 존재하지만, 대부분은 이를 알아채지 못한다.

스킨십을 관계로 끌어들이는 것은 요술이 아니다. 상대방이 운전하고 있을 때 목을 가볍게 쓰다듬거나 이를 닦을 때 엉덩이를 살짝 꼬집거나 긴 하루를 보낸 후에 곰처럼 껴안는, 이런 사소한 접촉 하나 하나가 안정감과 따스함을 주며 가벼운 전율이 흐르게 한다. 물론 성숙한 커플은 상황과 장소에 따라 어느 정도의 스킨십이 적합한지를 알고 현명하게 행동한다.

러브토크 27

매력적인 모습을 유지하라

오랜 시간 지속되어온 관계는 습관의 법칙을 벗어날 수 없다. 사랑에 빠지고 황홀함을 느끼다가 결혼식이 지나고 셋째 날이면 벌써 사랑이 식어간다. 아주 많은 커플들이 사랑에 눈이 먼 나머지 불가능하다고 생각했던 것들을 체험하게 된다.

본래 사랑은 시간에 면역력이 없다. 활활 타오르던 불꽃은 시간이 지남에 따라 온기만 남은, 타다 남은 장작불이 된다. 로우랜드 S. 밀러의 이성적인 관점은 이렇다. "누군가 사랑으로 인해 감각이 마비되면, 사랑하는 사람이 30년 후에 얼마나 진부해지고 매력이 없어지는지를 상상하지 못한다." 사랑이 새로움의 가치를 잃어버리는 것은 어떻게 해볼 도리가 없다. 그러나 시간이 지남에 따라 사랑이 지치고 빛을 잃게 될지 아니면 가치를 더하게 될지는 우리의 태도에 달렸다.

살아가면서 열정을 유지하라

처음에는 호르몬과 새로운 육체에 대한 매력으로 열정적인 섹스를 한다. 그러나 관계가 (그리고 파트너가) 오래될수록 열정은 변한다. 그것은 우리를 행복하게 하고, 긴장을 풀어주고, 서로를 결합시켜 준다. 이렇게 우리는 사랑의 황홀경을 사랑의 기술로 대신할 수 있다. 호르몬이 연대감과 정절, 보호받는 느낌을 준다면, 세련된 매너와 에로틱 그리고 대담한 시도에 대한 욕구가 사랑의 불꽃을 되살아나게 할 수 있다. 이때 사랑의 테크닉은 성의 기술과는 아무 관계가 없다. 노력과 배려, 섬세함이 중요하다.

| 상대방을 열광시키는 것이 무엇인지 알아내라 | 결혼한 지 오래되었다면 잠결에도 기분 좋은 섹스를 할 수 있다. 자기가 원할 때가 아니라 상대방이 원할 때 바라던 것을 얻으면 더욱 매력적이다. 상대방이 잠에 취해 전혀 예상하지 못할 때처럼 말이다.

| 당신의 남편, 아내를 지나치듯 보지 마라 | 만지고 유혹하고 황홀한 눈길로 당황스럽게 하라.

| **섹스에 관해 이야기하라** | 당신에게 멋진 섹스란 무엇인가? 당신의 원초적인 성적 환상은 무엇인가? 당신이 하고 싶지 않은 것이 있는가? 당신은 어디에서 섹스를 하고 싶으며 어디에서 아직 해보지 않았는가?

| **약간 비싸게 굴어라** | 에로틱은 단추를 누르는 것으로는 충족되지 않는 욕망이 바탕에 깔려 있다. 냉정함과 섹시함, 순진무구함과 관능의 계산된 조절을 통해 상대방을 쉽게 흥분시킬 수 있다. 이런 전략은 내재되어 있는 야성을 일깨우고 당연해져버린 섹스를 상대방이 가장 원하는 '필수품'으로 만든다. 그 시즌 가장 인기 있는 '잇백'처럼. 머릿속에 떠오르는 대로 하라. 유혹과 에로틱은 판에 박은 듯 손을 얹거나 능숙하게 그녀의 G포인트를 자극하는 것보다, 더 많은 감정이입과 배려 그리고 세련됨을 필요로 한다.

여성을 위한 TIPS

남자들은 실패를 두려워한다. 그의 몸에 아무런 변화가 없다는 것을 눈치챘다면 아무렇지 않은 듯 받아들이고 부드러운 키스로 마무리하라. 당신의 예의 바른 행동에 그는 상처 입지 않을 것이다.

때로는 모험을 즐겨라

사랑은 지루함에 쉽게 전염되지만 그만큼 쉽게 살아나기도 한다. 익숙한 것을 뛰어넘는 모든 것이 낭만을 충전시킨다. 며칠 동안 떨어져 있거나 친한 커플과 만나거나 아이를 갖게 되면 서로를 위해 태어난 것 같은 흥분의 감정이 다시 살아난다.

낭만적인 마법에 다시 사로잡히는 것은 심리학적 메커니즘을 기본으로 하고 있다. 새로운 인상과 자극적인 경험은 아드레날린을 증가시킨다. 이때 나오는 육체의 느낌이 뇌가 낭만적인 감정을 느끼도록 자극한다.

오래된 부부도 연인처럼, 서로를 위해 적절한 계획으로 감정을 새로이 자극하는 기회를 가져야 한다. 이때 최선은 이렇다. 상대방을 새로운 눈으로 보기 위해 항상 함께 행동해야 하는 것은 아니다. 미국 심리학자 아서 아론 Arthur Aron의 연구에 의하면 결혼의 행복감은 둘이 함께 스키를 타러 가거나 등산을 할 때, 또 저녁이 아닌 다른 시간에 섹스를 할 때 아주 높아진다고 한다. 이때 중요한 것은 커플이 그런 활동을 낭만의 재충전을 위해 재미있고 자극적이며 약간은 과감한, 가끔 누리는 사치로 느껴야한다는 것이다. 외식을 하거나 친구네 집에 놀러가는, 편안한 활동은 서로의 감정을 고양시키지 못한다.

TIPS

혼자만의 공간을 허용하라. 독자적인 행동 역시 부부의 일상을 모험의 숨결로 가득 채울 수 있다. 출장을 다녀오거나 혼자 전시회를 다녀온 사람은 새로운 대화 소재는 물론 새로운 시야를 가질 수 있다. 한 사람의 자극은 상대방의 욕망을 자극하고 고양시킨다. 그러나 서로 균형이 맞도록 조절해야 한다. 한 사람만 계속해서 여행을 한다면 상대방은 즐거움이 아니라 분노를 느낀다.

뜻밖의 이벤트로 놀라게 하라

남자는 짧은 머리의 여자를 좋아하지 않고 직장에서 열심히 일한다. 여자는 스킨십을 좋아하고 SF 영화를 좋아하지 않는다. 이렇게 서로에 대한 정보가 있고, 서로의 반응을 예측할 수 있으며, 서로가 무엇을 좋아하는지 안다는 것은 오랜 시간 계속된 관계의 편안함을 의미한다. 물론 서로를 잘 알고 있다는 믿음은 무례함과 진부함으로 이어지기도 한다. 안정적인 결혼생활에 접어드는 것도 매력적일 수 있지만, 낭만과 애정 그리고 섹스가 오래 지속되기를 원한다면 놀라움이 필요하다. 다음 전략으로 상대방의 익숙해진 측면을 새로이 경험할 수 있다.

| **자동 제어장치를 제거하라** | 사려 깊게 대하라. 배우자가 무엇을 느끼고 생각하는지를 배려하라. 아내가 올해에는 처음 핀 튤립

을 가져오지 않았다거나, 남편이 결혼 후 처음으로 아침 윗몸 일으키기를 한다는 것을 눈치 채라. 특히 배우자를 단순하게 규정짓지 않는 것이 중요하다. 여자는 SF 영화보다 로맨틱 코미디 영화를 즐겨 보지만, 간혹 SF 장르도 재미있어 할 수 있다.

| 자기 스타일이 아니라도 받아들여라 | 사람들은 대개 30대 중반에 자신의 스타일을 발견한다. 자신만의 스타일을 찾았다 하더라도 변화와 새로운 자극을 시도하라. 매일 아침 정장을 입고 집을 나선다면, 휴가 중에는 샌들에 폴로셔츠를 입고 즐겨도 좋을 것이다.

| 미루어둔 소망을 충족시켜 주어라 | 남편은 가끔 할머니 집에서 즐겨 먹었던 케이크를 그리워한다. 시할머니에게 전화해서 남편이 좋아하는 케이크를 어떻게 만드는지 자세히 물어보라.

| 작은 이벤트로 배우자를 놀라게 하라 | 레스토랑에서 돈이 아깝다고 늘 하우스 와인만 시키지 말고 최고급 와인을 주문해서 남편을 놀라게 하라. 아침에 아내와 인사할 때 형식적으로 뺨에만 키스하지 말고 입술에 하라. 남편이 가구를 조립할 시간을 낼 때까지 기다리지 말고 직접 조립해 보라. 변화와 새로운 자극은 서로에 대한 관심을 일깨우는 데 결정적인 영향을 준다.

러브토크 28

조용히 뒤돌아보라

최근 남녀 사이의 교제는 더욱 자유로워지고 대등해졌다. 하지만 한편으로는 더 번거로운 것이 되었고, 사람들은 무관심해졌다. 그럼에도 전통적인 남녀관계에 대한 개념이 아주 사라져버린 것은 아니다.

우리 머릿속에는 과거 남녀 사이에 있어 좋은 매너라고 여겼던 것이 아직 남아 있다. 신사처럼 행동하는 남자와 공주나 귀부인 역할을 맡는 여자. 물론 신사다운 행동과 숙녀다운 태도를 진부하고 쓸데없는 것으로 치부할 수도 있다. 그러나 이런 오래된 관습은 생활에 활기를 주고 멋진 커플로 보이게 해주기도 한다.

새로운 개념의 기사가 되어라

여자가 외투 입는 것을 도와줘야 하는가? 당연하다. 문을 열어줘야 하는가? 당연하다. 여자가 일어나면 같이 일어나야 하는가? 물론이다. 마땅히 해야 할 도리를 알았던 남자들은 여자를 고귀한 존재로 대했고 사고와 위험에서 보호해 주었다.

그런데 시대가 바뀌었다. 여성해방운동이 사람들의 사고방식에 파고든 이후로 남자들은 여자들이 문을 먼저 지나가도록 양보하거나 기차 선반에서 가방을 내려줄 때면, 여자들이 억압받거나 배제되었다는 느낌을 받을까봐 두려워한다. 그래서 많은 남성들이 이런 배려를 아예 잊어버리거나 마지못해서 보여준다. 그러나 엠니드 연구소에 의하면 많은 여성들이 아직도 남자가 매너를 보여주기를 기대한다고 한다. 특히 자기 남자인 경우에는 더 그렇다. 바로 다음과 같은 행동을 말이다.

- 무거운 물건을 들어주기
- 문을 열고 여자가 먼저 나가게 해주기
- 외투 입고 벗는 것 도와주기
- 여자가 의자에 앉기 전에 의자를 뒤로 밀어주기
- 자동차 문 열고 닫아주기
- 여자가 식탁에 앉거나 일어설 때 잠깐 일어서기

- 남자들만의 관심사에 관해 몇 시간 동안 혼자 떠들지 않기

매너 있는 남자들은 이런 행동에 대해 애써 생각할 필요도 없다. 이미 몸에 배어 있기 때문이다. 그들의 모습은 긴장한 것처럼 보이지 않으며 신뢰감을 준다. 동시에 약간의 변화도 줄 줄 안다. 아내의 마음에 드는 행동을 적당히 수위를 조절하여 사업 파트너나 여자 동료에게 적용하는 것이다.

요즘 여자들이 과거처럼 매너 있는 남자를 선호하지만, 그 이유가 여자들이 더 약하고 강한 남자를 필요로 하기 때문은 아니다. 그저 매너 있는 남자를 더 매력적으로 느끼기 때문이다. 아름답고 세련되게 자신을 가꿀 줄 아는 사람은 그 생활을 유지시켜줄 상대를 원한다. 그러므로 남자는 매너의 고전적인 레퍼토리를 알아두고 적절하게 활용하는 게 좋다. 자연스럽고 가볍게 그리고 아주 당연한 것처럼.

가끔은 공주처럼 굴어라

지난 몇 십 년 동안 여자들의 역할이 바뀌었다. 여자들도 이제 교육의 기회, 고급 직장, 동일한 월급 등을 남자와 동등하게 누리고 있다. 전부라 할 수는 없지만 거의 모든 면에서 그렇다. 그럼에도 요즘 여자들은 공주 대접을 받고 싶어 한다. 왜냐하면 동일한

기회라는 것이 21세기에는 더 이상 평등을 의미하지 않기 때문이다. 여자들은 아무리 강해도 대접받기를 원하고, 유혹당하기를 원한다. 현대판 공주들에게 적절하게 칭찬해 주고 꽃을 선물하고 자동차 문을 열어줄 줄 아는 기사들로부터 말이다.

여자들은 이런 게임에서 특히 한 가지를 명심해야 한다. 바로 함께 참여하는 센스이다. 상대방의 노력을 칭찬함으로써 그를 멋져 보이게 하라.

| 숭배받을 가치가 있게 행동하라 | 남자들은 특별한 여자들과 함께하고 싶어 하고, 멋진 여자들은 남자들을 기쁘게 하는 데 전혀 관심이 없다. 《매너》 작가인 아스파 보센 아세라테는 "그녀가 아름다운 외모를 가지고 있지 않다 해도, 그녀의 말하는 법과 화장하는 법, 식사하는 법 그리고 생각하고 하품하고 웃는 모습이 보통 사람들보다 훨씬 예의 바르기 때문에, 그녀는 아름답다는 말을 들을 권리가 있다."라고 했다.

| 그의 보호본능을 일깨워라 | 물론 당신이 직접 최고의 투자펀드를 찾아낼 수도 있고, 물통을 번쩍 들 수도 있고, 음악소리가 너무 크다며 이웃에게 불평할 수도 있다. 그러나 남편에게 대신할 기회를 주어라. 대부분의 남자들은 늘 강한 어깨를 필요로 하는 여자를 피곤하게 느끼지만, 자기 연인이 '나도 할 수 있지만 당신

이 더 잘할 것 같아서'라고 하면 그 정도는 애교로 봐준다.

| 그만을 위한 눈과 귀를 가져라 | 모든 인간은 상대방이 자신의 말에 귀 기울이는 것을 좋아하는데, 특히 남자들은 더 그렇다. 사랑스런 여자는 찬사를 보내달라는 남자의 요구에 웃으면서 화답해 준다. 그에 대해 그리고 그의 행동에 대해 열광하고 있음을 보여주어라. 호텔에서 함께 아침식사를 하거나, 음식점에 있을 때 지루하다는 듯 주위를 둘러보지 마라. 질문을 던지면서 그를 대화로 끌어들여라. 남자가 이야기 듣는 것을 더 편안하게 느낀다면 그가 관심을 가질 만한 주제를 준비하는 것도 멋지게 보일 것이다. 신문 기사는 물론, 난해한 통계학이나 친구들에 관한 재미있는 이야기도 좋다.

에필로그

끝없는 행복

부부가 함께하는 일상을 전략적으로 관리하고, 결혼과 가족, 직업을 부부 관계에 맞게 조절하고, 자기반성으로 갈등을 해결하여 삶을 성공적으로 이끌어가는 부부는 드림팀이다. 강하고 현명한 파트너는 현실적이고 의도적으로 두 사람 모두에게 의미 있고 풍요로운 삶을 누릴 수 있는 인생 계획을 세운다. 이때 좋은 매너는 두 사람의 까다로운 에고를 현명하게 중재하는 역할을 한다.

이 모든 것이 현실적이고 이성적이며 성공을 약속하는 것처럼 보인다. 그러나 현실은 다르다. 가끔 우리는 영화나 책에서 보고 들은 대로 사랑을 아름다운 꿈으로 체험하고 싶어 한다. 영화 속 세상에서는 남자가 여자의 비위를 맞추고, 여자는 남자에게 경탄하고, 누구나 그들을 이상적인 부부이자 성공한 삶의 공동체로 여긴다. 이렇게 마법에 사로잡히는 것에 대한 동경 또한 사랑의 한 모습이다.

우리는 낭만이 저절로 시작되기를 기대한다. 그러나 유감스럽게도 우리가 사랑을 막 시작할 때도 그렇지는 않다. 관계가 시작될 때는 온종일 새로운 연인과의 만남을 준비하며 기뻐한다. 하지만 동시에 무엇을 말하고 입어야 할지 혹은 어떤 일을 감행해야 할지 여러 번 고민한다.

이상적인 커플은 이러한 노력을 꾸준히 유지하고 일상을 어떻게 관리해야 하는지를 고려하여, 사랑의 꿈을 연출해 간다. 그럴 때 좋은 매너는 그들에게 전형적으로 여성적인 면과 남성적인 면을 유지하게 하는 역할을 한다. 21세기에 사랑은 파트너로서의 협력과 이해를 토대로 하기 때문이다. 그러나 사랑의 묘약은 오늘날에도 별 차이가 없다.

사랑에 대한 예의를 자신들을 위해 이용하는 커플은 서로 일치하는 점을 찾고 파트너를 달라 보이게 하는 것에 경탄한다. 이렇게 함으로써 사랑을 유지하고 서로를 행복하게 해주는 것이다. 이 세상이 끝나는 날까지.

참고도서

Asserate, Asfa-Wossen. *Manieren*. Frankfurt 2005.

Baldrige, Letitia. *Letitia Baldrige's new manners for new times*. New York 2003.

Carlson, Kristine und Richard. *100 Regeln für die Liebe*. München 2005.

Fein, Ellen/Schneider, Sherrie. *Die Kunst, den Mann fürs Leben zu halten*. München 2002.

Funk, Monika, "Sind Sie reif für die Ehe? Forscher sagen, was die traute Zweisamkeit stabil macht" In: *Berliner Kurier*, 4. Februar 2007.

Gottman, John M. *Die 7 Geheimnisse der glücklichen Ehe*. München 2002.

Holzberg, Oskar. "Wendepunkte der Liebe" In: *Brigitte*, 17. September 2003.

Horx, Matthias. "Die Zukunftsfamilie" In: *Die Welt*, 26. August 2004.

Joel, Antje. "Was nützt die Liebe in Gedanken?" In: *emotion*, Oktober 2006.

Kast, Bas. *Die Liebe und wie sich Leidenschaft erklärt*. Frankfurt 2006.

Knigge, Adolph Freiherr. *Über den Umgang mit Menschen*. Frankfurt 2001[초판 1788].

Miller, Rowland S. "On decorum in close relationships; Why aren't we polite to those we love?" In: *Contemporary Social Psychology* 15(2) 1991.

Nensel, Kuno. "Die Rückkehr der Versuchung" In: *Elle*, Dezember 2006.

Nuber, Ursula. "Der Partner ist nicht selbstverständlich" In: *Psychologie heute compact*, Heft 15, 2006.

Das Online-Familienhandbuch. www.familienhandbuch.de

Post, Peter. *Essential Manners for Couples*. New York 2005.

Schuldt, Christian. *Der Code des Herzens. Liebe und Sex in den Zeiten maximaler Möglichkeiten*. Frankfurt 2004.

Zekri, Sonja. "Das Liebesprojekt. Profiling, Coaching, Streitseminar: Beziehungen im Jahr 2006" In: *Süddeutsche Zeitung*, 15. März 2006.

러브 토크
연인과 부부를 위한 변치 않는 사랑의 방법

초판 1쇄 인쇄 2010년 1월 4일
초판 1쇄 발행 2010년 1월 13일

지은이 | 도리스 메르틴
옮긴이 | 박계수
펴낸이 | 한 순 이희섭
펴낸곳 | 나무생각
편집 | 정지현 이은주
디자인 | 이은아
마케팅 | 김종문
관리 | 김하연
출판등록 | 1998년 4월 14일 제13-529호
주소 | 서울특별시 마포구 서교동 475-39 1F
전화 | 02)334-3339, 3308, 3361
팩스 | 02)334-3318
이메일 | tree3339@hanmail.net
홈페이지 | www.namubook.co.kr

ISBN 978-89-5937-186-0 03850

값은 뒤표지에 있습니다.
잘못된 책은 바꿔 드립니다